온몸으로 기억하는

골프
스윙의 정석

THE 7 LAWS OF THE
GOLF SWING

닉 브래들리 지음 | **저스틴 로즈** 추천 | **박건호** 옮김

샘터

Seven Laws of the Golf Swing by Nick Bradley
ⓒ Nick Bradley 2004, 2010

골프 스윙의 정석

1판 1쇄 발행 2005년 4월 8일
2판 1쇄 발행 2018년 8월 30일
2판 2쇄 발행 2018년 10월 25일

지은이 닉 브래들리
옮긴이 박건호
펴낸이 김성구

책임편집 류현수 **단행본부** 이은정 고혁 구소연
디자인 한아름 문인순 **제작** 신태섭
마케팅 최윤호 나길훈 유지혜 김영욱 **관리** 노신영

펴낸곳 (주)샘터사
등록 2001년 10월 15일 제1-2923호 **주소** 서울시 종로구 창경궁로35길 26 2층(03076)
전화 02-763-8965(편집부) 02-763-8966(마케팅부) **팩스** 02-3672-1873
이메일 book@isamtoh.com **홈페이지** www.isamtoh.com
ISBN 978-89-464-7254-9 13690

이 도서의 국립중앙도서관 출판예정도서목록(CIP)은 서지정보유통지원시스템 홈페이지(http://seoji.nl.go.kr)와
국가자료공동목록시스템(http://www.nl.go.kr/kolisnet)에서 이용하실 수 있습니다.(CIP제어번호 : CIP2018022162)

값은 뒤표지에 있습니다.

차례

추천의 말

닉이 추천의 말을 써달라고 부탁해 온 지도 벌써 여러 해가 지났다는 사실이 잘 믿기지 않는다. 그간 이 책은 독자들의 엄청난 반응과 함께 상도 여러 번 받았으며 금세기에 들어 가장 많이 팔린 골프 책들 중의 하나가 되어 정말 기쁘게 생각한다. 닉과 함께 PGA 투어와 유러피언 투어를 다니면서, 매 대회 때마다 빠짐없이 많은 팬들이 닉을 알아보고 그의 책이 얼마나 도움이 되어 자신의 골프 게임을 구해 주었는지 감사의 악수를 청하는 장면들을 목격했다.

나는 닉이 글만으로는 얻을 수 없는 어떤 느낌과 강렬한 이미지, 혹은 개념이나 이론들을 단숨에 전달하는 능력이 있다고 생각한다. 닉과 3년을 함께하면서 나는 이 책에 나오는 이미지와 논리들이 얼마나 중요한지 알게 되었다. 이것들은 골프 스윙의 기초를 이루는 것이어서 언제든 다시 꺼내 되새겨 볼 만한 것들이기 때문이다. 닉의 논리와 이미지들은 상식에 근거하고 있으며, 한 때 바이블로 통했던 역사 속 영웅들의 아름다운 스윙들을 기초로 만들어졌다.

어느 골프 책이건 글로 된 설명은 필요하다. 하지만 나는 말로 설명하는 것보다는 강렬한 이미지나 느낌이 더 우선한다고 느껴왔다. (그런데 혹시 닉이 글만 설명하는 책을 내게 된다면! 헉!) 닉은 이 책 전반에서 꼭 필요한 경우가 아니면 최대한 글로 된 설명을 줄였다. 닉과 레슨을 진행해 보면 그는 말보다는 행동이 더 앞서기 때문에 몸으로 이해하는 것이 쉬워진다.

2007년 11월, 나는 유러피언 투어 Order of Merit 타이틀을 거머쥘 기회를 잡았다. 그러기 위해선 시즌 마지막 대회인 볼보 마스터스 우승이 필요했다. 바로 그 주에 나는 닉과 함께 언제나 신뢰를 주었던 이 책의 이미지와 논리들을 점검해 보았다. 그리하여 버디가 꼭 필요했던 17번 홀의 까다롭기 그지없는 그린을 향해 7번 아이언 샷을 날렸던 기억이 난다. 아주 단순화시킨 느낌들로만 무장했던 그 샷으로 나는 그 대회 우승을 차지했고, Order of Merit 타이틀도 확보할 수 있었다. 구구절절한 설명들은 그렇게 압박을 받는 상황에서는 아무런 소용이 없다.

이제 이렇게 새로운 모습을 갖춘 '골프 스윙의 정석'이 초보자로부터 프로에 이르기까지 많은 사람들의 손에 전달될 것으로 안다. 지금부터 이 책을 기준점으로, 스윙을 만들어가는 출발점으로, 문제가 생겼을 때 해답을 찾는 해결사로 숙독하기 바란다. 닉의 논리들 덕분에 내 골프의 꿈들 중 하나를 이루었으며 여러분들도 이 책으로 분명히 향상을 경험할 것이라 믿는다.

저스틴 로즈

들어가는 말

2003년 처음 출간된 이후로 이 책이 받았던 관심과 수많은 조언들, 그리고 여러 차례 수상의 영예에 대해 무한한 감사와 함께 자부심을 느낀다. 그간 골프와 관련 있는 세상 곳곳으로부터 수많은 이메일들을 받고 또 받았다. PGA 투어 선수들로부터 의사를 직업으로 하는 사람들에 이르기까지, 이 책이 제시하는 스윙의 구조적인 논리가 자신들의 스윙을 얼마나 바꾸어 놓았는지를 전해 주는 것이었다. 한마디로, 이 책의 내용은 변하지 않을 기본이자 정석이다. 적어도 인체의 생물적 구조가 변하지 않는 한 바뀌지 않을 '기준'에 관한 것이다. 골프 스윙이라는 건물의 제일 아래에서 중심을 잡는 기초이다. 이 책과 함께하면서 '아하, 이거구나!' 하는 순간들을 종종 겪을 것이다. 그만큼이 책은 상식이란 틀에 기초한 설명과 이미지들로 채워져 있다. 그러나 나의 멘토인 콜린 터너Colin Turner가 늘 말씀했듯이, '이론과 실제는 많이 다를 수 있다'는 점을 늘 기억하기 바란다.

나는 사람들마다 이 책을 사용하는 방법이 각기 다른 것을 발견했다. 어떤 이들은 이 책이 제시하는 작은 정보 하나로부터 시작하여 자신과 스윙의 전부를 조금씩 키워 나가는가 하면, 또 다른 사람들은 책의 전부를 통째로 씹어 삼키고 나서 천천히 소화하고 적용시켜 나아가기도 한다. 많은 사람들이 이 책의 이미지화된 전달 방식이 기존의 지루한 설명 위주의 방식으로부터 얼마나 자신의 골프 인생을 바꾸어 놓았는지를 언급하곤 했다. 바로 이것이 핵심이다. 그 이유를 알아보자.

스윙에 대한 상상력과 시각화는 우리의 골프 능력 향상을 위한 가장 큰 자산이다. 나는 어떤 사람의 능력에 대대적인 변화를 가져오기 위해서는 우선 시각적으로 표현된 변화의 개념을 제시해야 한다고 믿는다. 두뇌가 천천히 끌어당겨 활용할 수 있는 사진처럼 명료한 개념을 말한다. 그런데 안타깝게도 많은 사람들이 시간이 지남에 따라서 그런 사진을 잊어버리곤 한다. 이에 대한 극적인 예로는 스페인의 천재 골퍼인 세베 바예스테로스가 있다. 세베는 그 어떤 다른 프로들보다도 더 본능적이고 감각적이었다. 그런 그가 말로 표현된 교습들에 노출된 이후로 그의 머릿속에서는 모든 이미지들이 서서히 사라지고 텅 빈 공간만이 남았다. 예전의 세베로 다시 되돌아오는 경우는 빽빽한 나무 숲 속에서 볼을 쳐내야 할 때뿐이었다. 상상력을 총동원하여 감옥에서 공을 꺼내듯 해야 하는 그런 경우 말이다. 그래서 분명히 말하는데, 여러분들은 모든 개념들을 이 책에 있는 그림들에서 얻고 설명으로 나머지를 이해하기 바란다.

예전에 처음 이 책이 나왔을 때 저스틴 로즈 선수가 추천의 말을 써 준다고 해서 무척 기뻤다. 그리고 이번에는 아끼는 수제자의 관점에서 새롭게 추천의 말을 써 주었으니 흥분을 감출 수 없다. 2006년 5월 내가 미국으로 건너간 후 얼마 되지 않아 저스틴의 코치를 맡기 시작했고 그때 저스틴은 세계 116위였다. 그 당시 내가 본 저스틴은 골프 스윙의 진실로부터 점점 멀어져 가고 있는 월드 클래스 골퍼였다. 그로부터 3년 후 2009년 그는 세계 랭킹 6위가 되었고 유러피언 투어 Order of Merit 챔피언이 되었다. 그것은 내가 생각해도 정말 대단한 반전이었다.

저스틴이 그렇게 변할 수 있게 한 철학들이 이 책에는 녹아들어 있다. 요즘은 그 철학들을 기본 동작을 기억하게 해 주는 철학이라고 부르게 되었다. 실력 향상을 원하는 것은 누구나 마찬가지이므로 성과의 차이는 훌륭한 학생이 되고자 하는 자세가 있느냐에 달려 있다. 저스틴 로즈의 경우에는 그러했다. 이 완벽한 프로선수와 함께 보낸 시간은 즐겁기 그지없었으며 그의 헌신적인 노력에 감사한다. 저스틴 로즈, 파이팅!

투어 프로이건 아마추어 고수이건, 아니면 그냥 보통 골퍼이건 초심자이건, 이 책에 소개된 7가지 법칙은 최고의 골프 스윙을 위한 비전과 논리를 제공할 것이다.

닉 브래들리

LAW 1

제1법칙

그립
The Grip
자연스럽게 잡아야 치우치지 않는 스윙을 할 수 있다.

머리말

골퍼로서의 성공은 볼의 탄도와 방향 그리고 속도, 이 세 가지에 대해 어느 정도의 조절 능력을 가지고 있느냐에 따라 결정된다. 또한 스윙 중 벌어지는 동작이 얼마나 좋은지는 대개 얼마나 그립을 잘 잡았는가에 따라 크게 달라진다.

그립은 대충 잡아서는 안 된다. 클럽과 잘 결합되어 한 몸처럼 움직이거나 아니면 완전히 따로 놀거나 둘 중 하나일 뿐이다. 마치 화가가 수많은 시간을 쏟아부어 명작을 만들어 내는 것처럼, 잘 나가는 골퍼가 되려면 클럽과 몸이 하나가 될 수 있도록 그립을 끊임없이 갈고 닦아야 한다. 간단히 말해, 클럽을 잡은 완벽한 그립이라 함은 습관처럼 몸에 익은 예술의 경지로 이해되어야 한다.

손이란 매우 다재다능한 도구이다. 온도에 민감하고, 균형을 잡을 수 있게 하며, 무게와 촉감을 전달한다. 골프를 할 때에 손은 그립이 되어 중요한 정보를 뇌에 전달하고, 정확한 메시지를 걸러 보내야 한다. 치우치지 않는 그립이란 클럽페이스와 손 간의 완벽한 조화를

"잘못된 그립은 십중팔구 스윙상의 결함을 초래한다."

의미한다. 클럽페이스와 손이라는 두 요소가 조화롭게 움직일 때 스윙의 잠재력은 비로소 발휘될 수 있다. 만일 손이 클럽과의 관계에서 적절한 위치에 놓이지 않는다면 스윙은 제대로 발휘될 수 없고, 이를 보완하려는 불필요한 동작들로 엉망이 되어버릴 것이다.

안타깝게도 그립은 시간이 지나감에 따라 어떤 예고도 없이 망가질 수 있다. 골프 코스에서 무언가 잘못되기 시작할 때 아마도 가장 나중에 점검하게 되는 사항이 그립이겠지만, 스윙 중에 일어나는 거의 모든 동작들은 어떤 형태로든 그립의 영향을 받게 되어 있다.

멘탈은 훌륭한 골프 게임을 위한 필수 요소로서 매우 중요하다. 하지만 육체적인 오류는 멘탈이 아

무리 훌륭하고 강인하다 해도 치명적일 수 있다. 내 경험으로 볼 때 잘못된 그립은 십중팔구 스윙 상의 결함을 초래한다. 그러므로 처음부터 올바른 그립 형성을 위한 노력을 기울이면 앞으로의 골프 인생에서 수많은 시간과 노력, 그리고 좌절의 경험을 덜게 된다.

그립은 얼마나 결정적인 것일까? F-1 경주를 전문으로 하는 프로 운전자와 평범한 승용차 운전자가 있다. 둘이 뽑기를 했는데 그만 프로 운전자는 일반 승용차를, 승용차 운전자는 페라리를 몰게 되었다. 자가용 운전자가 처음부터 페라리의 파워를 완벽하게 조절할 수는 없겠지만 계속 하다 보면 결국 그럴듯한 수준에 도달할 수 있다. 반면에 프로 운전자는 그 동안 축적한 경험, 지식, 전략적 기술이라는 유리한 점을 갖고 있음에도 불구하고 열악한 하드웨어로 실력을 발휘한다는 것은 사실상 무리임을 알게 될 것이다. 골프도 마찬가지이다.

이 장은 손과 클럽 손잡이 간의 관계를 하나로 만드는 견고한 그립을 만들어 완벽하고 일관성 있는 스윙을 이끌어내기 위한 첫걸음이다. 훌륭한 스윙은 감추려 해도 저절로 표현된다는 점을 기억하기 바란다.

그립 – 스윙의 기준, 길잡이를 세우는 일

골프를 배우는 데 가장 중요한 자세는 피하고 싶은 부정적인 것에 신경 쓰지 말고 얻고자 하는 것에 집중하는 긍정적인 자세이다. 다음에 설명할 중립 그립은 인체가 가진 생물 구조적 법칙에 근거를 둔 것이다. 이 그립은 쓸데없는 걱정이나 좋은 기회를 날려버리는 의구심에서 벗어나 자신감과 믿음을 얻도록 할 것이다. 중립 그립은 실수로 공을 잘못 보내더라도 안전한 곳이 어딘지 찾으려고 고민하기보다는 시선이 자연스럽게 실현 가능한 목표에 집중할 수 있도록 이끌어 준다. 이 장에서 마주하게 되는 그립에 대한 모든 것은 두 가지 명백한 법칙에 근거하고 있다. 그것은 '자연스런 손 정렬의 법칙'과 '가동성의 법칙'이다.

중립 그립 – 자연스런 목표. ▲

손과 클럽이 하나가 되는 그립이 완벽한 그립이다. ▶

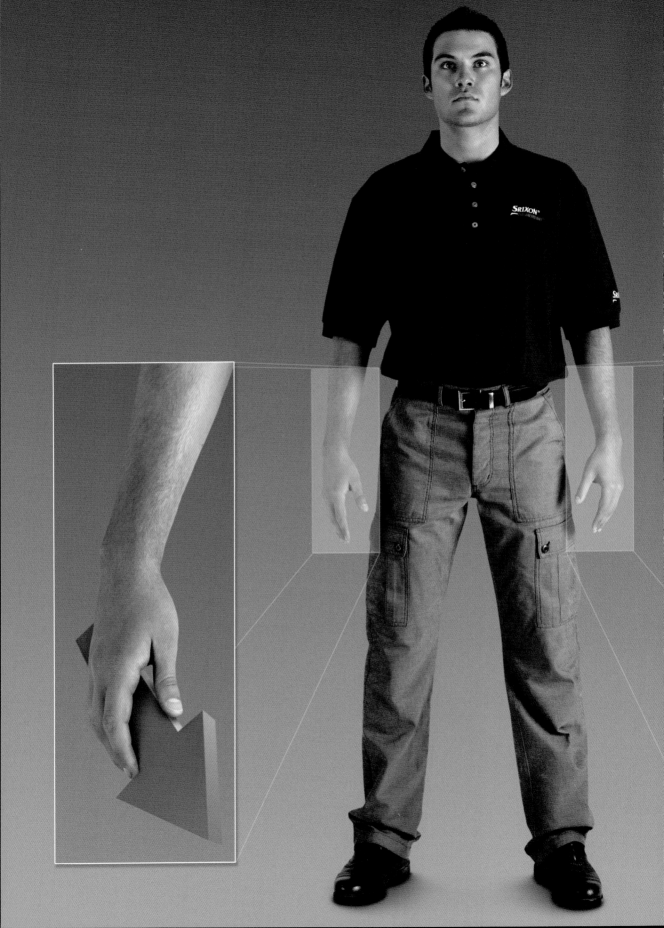

Sub Law 1 - 자연스런 손 정렬의 법칙

이 법칙은 인간의 신체가 구조적으로 좌우 대칭이라는 점에서 시작한다. 사실 두 법칙 모두가 이 대칭이라는 점을 중요시하고 있는데, 볼 앞에서 취하는 어드레스 자세가 어떠하냐에 따라 그 다음에 일어날 동작들이 얼마나 견고하고 정확할지 결정된

"그립은 스윙 안에서 균형을 잡는 과정의 출발점이다."

다. 이 어드레스에 기준이 없다면 그냥 힘으로 두들기거나 일관성 없는 보상 동작들이 일어나기 쉽다.

대칭과 균형이라는 기본에서 멀어질수록 스윙의 일관성이나 간결성은 떨어진다. 그립은 스윙 안에서 균형을 잡는 과정의 출발점이다.

그립의 기초는 두 손이 몸에서 자연스럽게 위치하고 정렬되어야 한다는 것이다. 그림처럼 두 팔을 자연스럽게 어깨에서 늘어뜨리면 양 손바닥은 마주보는 것이 아니라 약간 허벅지 안쪽 방향으로 향한다.

손으로 클럽을 잡을 때 몸이 좌우 어느 쪽으로도 치우치지 않는 완벽한 중립을 확보하려면 반드시 자연스러운 자세에서 시작되어야 한다. 일관성 있고 기술적으로 정확한 그립 루틴을 만들어 나가려면 인체의 자연법칙에 충실해야 한다.

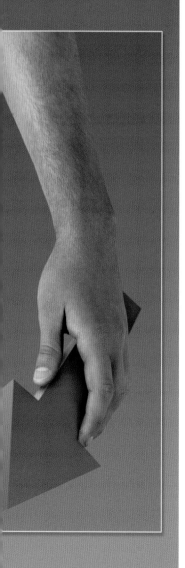

◀ 자연스런 손의 정렬.

Sub Law 2 – 가동성의 법칙

볼에 힘을 실어 정확하게 타격하려면 두 손은 완전히 자유롭게 움직일 수 있어야 한다. 샷에 힘을 주어 억지로 쳐내려고 그립을 너무 꽉 쥐면 좋지 않은 스윙이 나온다. 이 경우 클럽의 그립 부분은 원래 정확한 위치인 손가락 마디 부분으로부터 손바닥 안쪽으로 올라온다. 직접 연습해 보면 알겠지만, 이렇게 되면 손목을 자유롭게 쓸 수 없어질 뿐 아니라 스윙을 고칠 여지마저도 없애는 나쁜 습관이 생긴다.

두상골 이해가 게임에서 중요한 이유

의료 전문 용어로 두상골이 있는데, 이는 골프에 있어서 매우 중요한 신체기관이다. 두상골은 손과

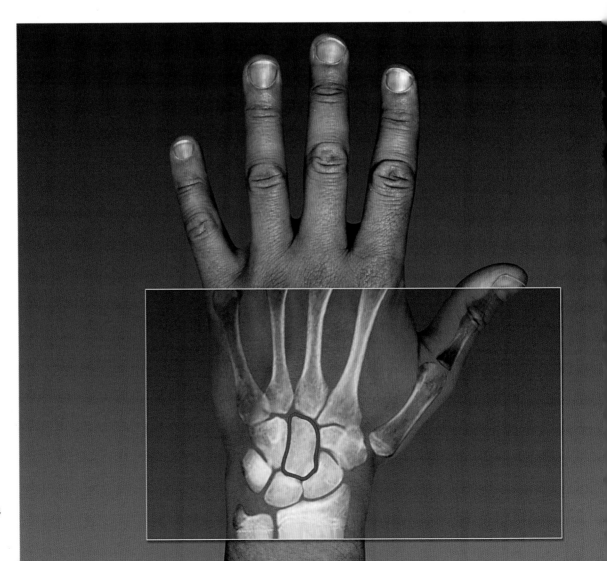

손목이 얼마나 유연하고 잘 움직일 수 있는지 결정하기 때문이다. 이 뼈 조각 하나와 클럽과의 위치 관계에 따라 그립의 품질과 스윙 시에 끌어낼 수 있는 힘의 크기가 결정된다. 일반적으로 클럽 손잡이가 이 두상골에 가까워지면 가까울수록 손목의 활동은 더욱 제약을 받는다. 이쯤에서 이미 알아차렸을 테지만 스윙에 가장 해로운 것은 자유로움이나 가동성이 없는 것이다.

그립을 손바닥 쪽으로 두상골에 근접시켜 잡는 경우는 손과 손목의 움직임을 최소화해야 하는 퍼팅뿐이다. 투어 프로들은 대부분 퍼팅 스트로크 중에 손목이 흔들리는 것을 막기 위하여 엄지손가락 아래로 퍼터 그립을 덮어 잡는다.

▼ 두상골(빨간색으로 표시된 부분)은 좋은 그립을 형성하기 위한 핵심 역할을 한다.

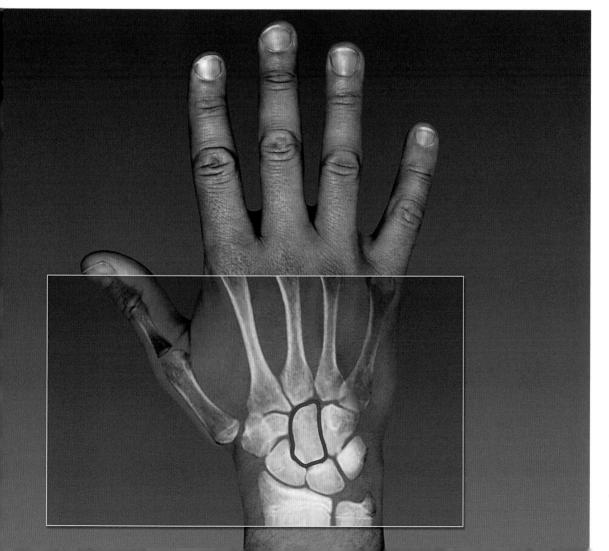

완벽한 그립 잡기 – 모두 루틴에 달렸다

만약 루틴이 매번 달라진다면 정확하고 올바른 그립을 잡기가 매우 어려워진다. 자물통이 문짝을 떠나 열쇠에 맞추려고 움직이지 않는 것처럼 그립을 잡으려고 두 손이 조심스럽게 제자리를 찾아가는 동안 클럽의 손잡이는 고정해 두어야 한다.

세계적인 선수들을 보면 그립을 잡을 때 얼마나 세심한지 알게 된다. 매번 똑같은 방식으로 그립 잡는 과정을 되풀이한다. 그렇게 하면 클럽을 정확하게 잡을 확률은 점점 더 높아지고 나쁜 습관에 빠지는 것도 방지할 수 있다.

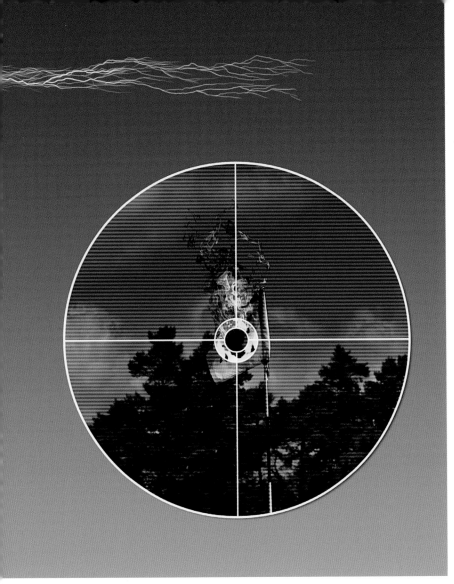

◀ 볼에서 떨어져 그립을 잡으면
기술에 더 집중할 수 있다.

그립은 몸 앞에서 그리고 볼에서 떨어져서 잡을 것

그립을 잡는 것은 스윙 전 의식적인 생각이 필요한 마지막 과정이다. 그립을 잡았다면 이제 프리샷 루틴pre-shot routine에 들어간다. 프리샷 루틴이란 자신이 날리고 싶은 샷 이외에는 다른 어떤 생각도 하지 않는 일련의 본능적인 행동이다.

프리샷 루틴이라는 잠재의식 세계에 들어가기 직전에는 먼저 그립을 제대로 잡는 일에 집중해야 하므로 볼에서 떨어져 그립을 잡도록 한다.

*"그립을 잡았다는 것은
이제 프리샷 루틴에
들어간다는 것을 의미한다."*

완벽한 왼손 그립을
가져가는 법

자연스러운 상태에서 손바닥은 약간 안쪽을 향하고 있으므로 북동쪽 45도 각도로 기울인 상태에서 클럽 손잡이에 왼손을 가져간다면 완벽한 정렬이 가능하다. 이 루틴은 공의 목표 지점을 쳐다보면서 수행하는 것도 좋다. 이렇게 하면 곧 수행할 샷을 상상하기 쉽고 이어지는 나머지 루틴의 기준이나 참고점으로 삼을 수 있다.

클럽 손잡이에 왼손을 가져가는 방식은 일상생활에서도 비슷한 경우가 많다. 예를 들어 오토바이 핸들이 팔과 자연스러운 각도인 45도에 맞추어져 있으면 운전자가 가장 편안하고 자연스럽게 운전할 수 있다.

**클럽은 45도 각도로
북동쪽을 향한 상태에서 잡아야 한다.** ▶

흔한 그립 상의 문제점 – 긴 왼손 엄지손가락

이것은 가장 흔하고도 위험한 그립 상의 오류이다. 왼손 엄지손가락을 손잡이를 따라 길게 늘여 잡으면 많은 문제점을 초래하며 스윙에 부정적인 영향을 미친다. 왼손은 왼 손목, 왼팔과 함께 클럽 헤드가 잔디를 치는 임팩트 순간의 충격을 겪는다. 왼손 엄지손가락이 올바른 위치에 있다면 손에 있는 인대는 이 충격을 유연하고 탄력 있게 견뎌낼 수 있다. 그러나 엄지손가락을 길게 늘여 잡게 되면 손의 인대가 이미 늘어나 팽팽해져 있으므로 부상을 당하기 쉽고, 특히 그립을 너무 꽉 움켜쥐면 임팩트 시의 모든 충격이 자동적으로 엄지손가락에 간다.

왼손 그립은 엄지와 집게손가락으로 마치 꼬집거나 방아쇠를 당기는 듯한 모습으로 만들어져야 한다. 그런데 엄지손가락을 길게 내려 잡으면 이런 형태의 그립을 잡을 수 없게 된다. 이는 스윙 중 방향을 컨트롤할 수 없고 힘을 실을 수 없게 한다. 또한, 그립을 손가락으로 잡지 못하고 손바닥으로 잡게 한다.

오른손의 그립 방법

오른손은 왼손이 그립을 제대로 잡도록 하는 역할 이외에 세 가지 중요한 기능을 수행한다.

첫 번째 기능 – 긴 왼손 엄지손가락을 방지하기

왼손이 먼저 그립을 잡도록 한 다음, 오른손으로는 샤프트를 전방으로 밀어냄으로써 왼손 엄지손가락이 자연스럽게 그립 위쪽으로 이동하게 한다. 그와 동시에 왼손 집게손가락도 올바른 위치로 이동하게 된다. 즉, 그립 아래쪽에 있다가 옆으로 이동하게 된다. 이제 엄지손가락 끝과 집게손가락 끝은 서로 마주보면서 족집게나 방아쇠를 당기는 모습이 된다. 이것이 그립을 정확하게 잡은 기본 형태이다.

두 번째 기능 – 손잡이를 손바닥에서부터 손가락 쪽으로 옮겨 잡기

오른손은 왼손이 그립을 손바닥 쪽으로 너무 높게 잡는 것을 방지한다. 앞에서 언급했듯이, 그립을 손바닥 쪽으로 너무 높게 잡으면 손과 손목, 팔의 활동성이 둔해져 스윙의 힘과 정확성을 극대화하기 어렵다.

▼ 샤프트를 밀어내면서 왼손 엄지손가락을 잡아당긴다.

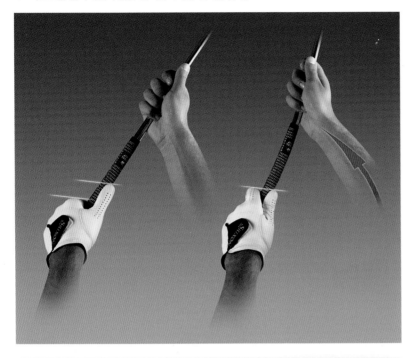

오른손으로 그립 아래의 쇠 부분을 잡고 몸 앞뒤 방향으로 밀고 당기기를 하다 보면 손잡이 부분이 손가락 쪽으로 내려가는 것을 느낀다. 이렇게 몇 번을 연습하다 보면 목표 지점에 집중하는 루틴을 수행하면서 왼손의 엄지 손가락은 당겨지고 그립은 손바닥이 아니라 손가락 끝으로 잡을 수 있다. 볼 뒤에서 목표 지점을 확인하고 집중하는 동안에 이루어지는 이 작업이 자연스럽게 느껴지기까지는 그리 오랜 연습이 필요하지 않다. 이 모든 과정은 1~2초의 짧은 시간 동안 효과적으로 이루어질 수 있다.

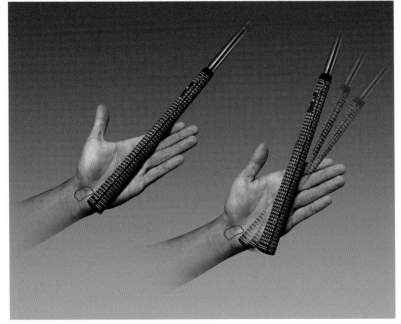

▲ 손바닥이 아니라 손가락으로 잡아라.

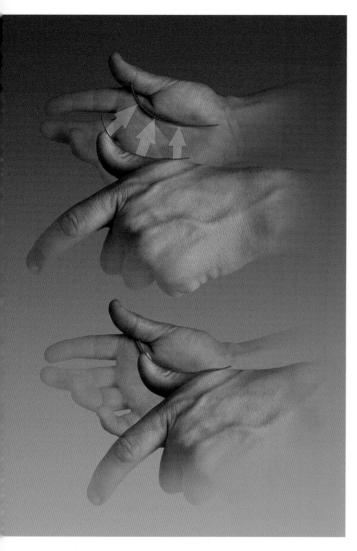

▲ 왼손 엄지손가락과 오른손을 맞물리는 법.

세 번째 기능 – 동일 위치 정렬

오른손으로 그립을 잡을 때에는 왼손과 똑같은 모습으로 잡기 위해 이미 쥐고 있는 왼손의 위쪽에서 다가간다. 두 손이 그립에서 만날 때에는 왼손 엄지손가락을 오른손 바닥의 생명선과 엄지손가락 아래로 튀어나온 부분이 이루는 선에 밀착시키면서 오른손을 내려 쥔다.

이것이 가장 중요한 두 손의 결합 방법이다. 올바르게 잡았다면 오른손은 클럽 손잡이보다 왼손을 더 많이 덮는다. 실제로 오른손이 클럽 손잡이에 닿게 되는 곳은 손가락뿐이어야 한다. 이처럼 손가락 마디가 끝나는 부분으로 그립을 잡으면 두상골의 역할을 방해하는 일도 없어지고 두 손이 최대한 자유롭게 움직일 수 있다.

**이 이미지로 정확하게 맞물린
두 손의 느낌을 기억하라.** ▶

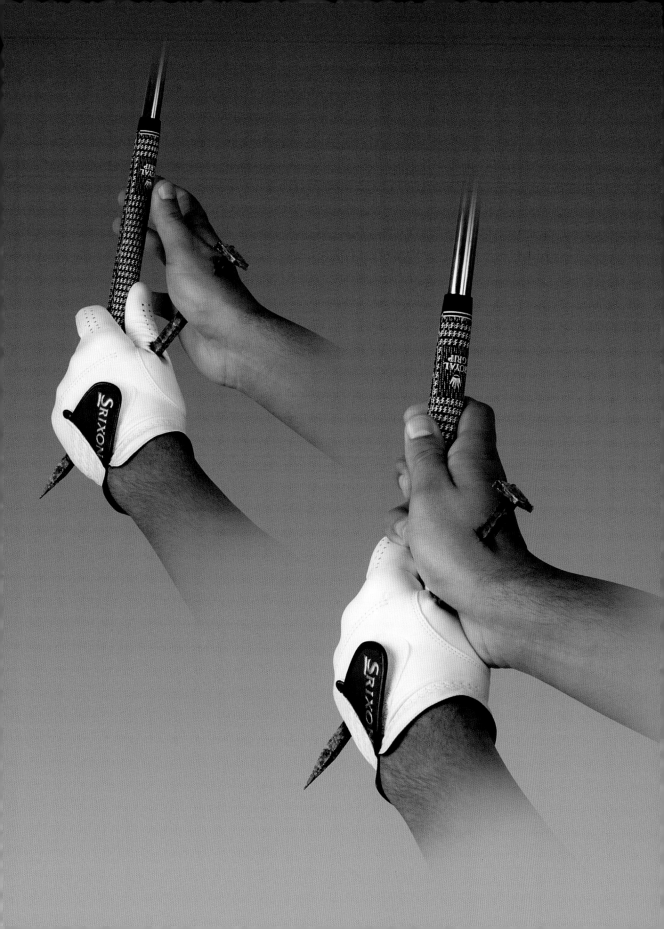

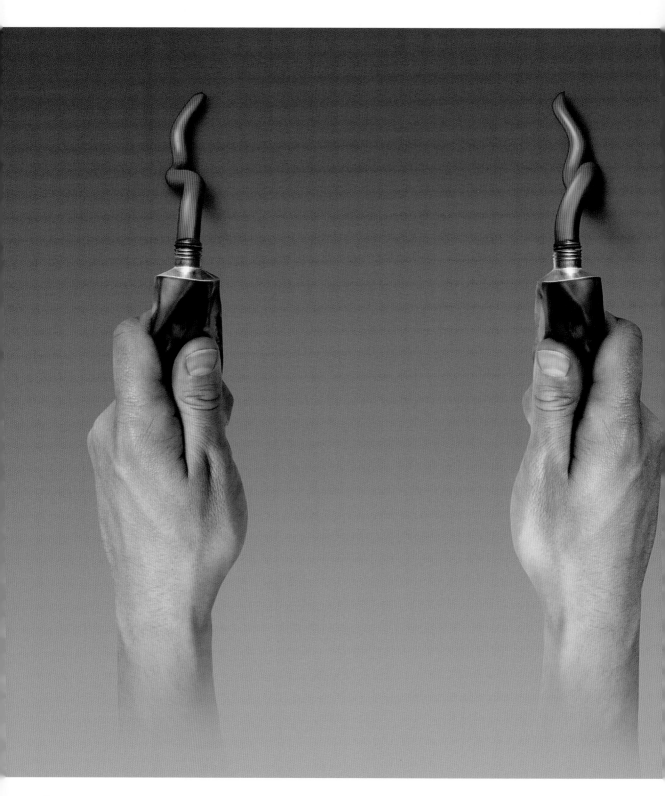

족집게 모양 만들기

우리는 매일 수없이 많은 형태로 손과 손가락을 움직인다. 그중 엄지손가락과 집게손가락이 마치 꼬집는 듯한 족집게 모양은 일상에서 가장 많이 쓰이는 손동작일 것이다. 이 동작으로 무엇을 잡거나 들거나, 놓거나, 꼬집기까지 마음대로 할 수 있다. 이 동작을 못한다면 우리들의 손은 별 쓸모가 없을지도 모른다.

이렇게 꼬집는 듯한 형상을 만들기 위해서는 두 손을 모두 정확하게 그립에 놓아야 한다. 예를 들어, 왼손 엄지손가락이 클럽 손잡이의 너무 아래쪽으로 내려가면 족집게 형상은 구조적으로 불가능하다. 왼손 엄지손가락이 길게 늘어뜨려지면 집게손가락은 손잡이 아래로 주먹을 쥐듯 움켜쥘 수밖에 없고 아무짝에도 쓸모없는 형상이 된다. 그 결과 왼손 손가락들은 그립에 제대로 힘을 전달할 수 없다.

오른손을 잘못 잡아도 족집게 형상이 만들어지지 않을 수 있다. 오른손을 잡을 때 위에서 잡지 않고 옆에서 접근하게 되면 클럽을 갈고리처럼 쥐게 되어 훅샷이 나기 쉽다.

이 이미지는 그립을 완성했을 때 어떤 느낌이어야 하는지를 보여준다. 클럽을 잡을 때에는 마치 두 손으로 그림물감 튜브를 쥐어짜듯이 잡아야 한다. 바로 그 압력과 위치로 클럽을 잡는다.

◀ 그립을 잡는 이상적인 압력.

조화롭게 두 손을 잡는 법

두 손으로 그립을 잡는 방법에는 몇 가지가 있다. 나름대로의 장단점이 있으나 자신에게 맞는 가장 적절한 방법은 대개 손의 악력과 유연성, 손의 크기에 따라 달라진다. 각각의 그립에 대해 좀 더 알아보자.

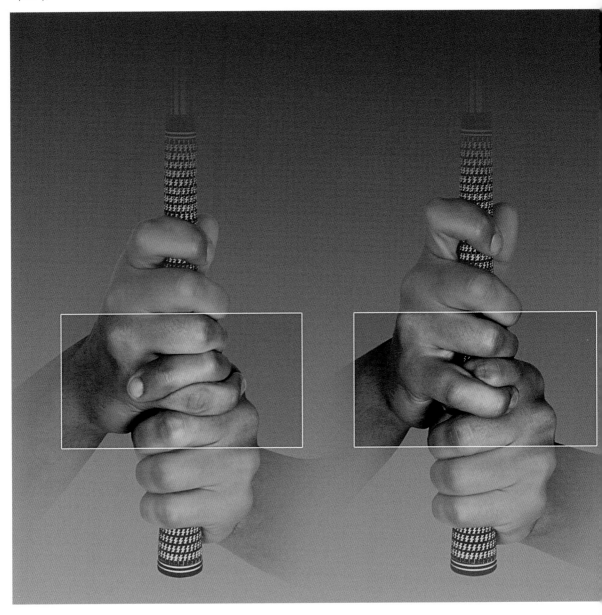

▲ 인터로킹 – 악력이 부족한 경우 힘을 끌어낸다.　　　▲ 오버래핑 – 움직임이 자유롭고 다양한 기능이 가능하다.

인터로킹

인터로킹Interlocking 그립은 힘을 이끌어내기 위한 그립이다. 오버래핑 그립이나 인터메시 그립에서 요구하는 유연성이나 힘이 부족한 사람에게는 인터로킹이 해답이 될 수 있다. 이 그립에서는 오른손 새끼손가락이 왼손 집게손가락과 꼬이면서 강한 일체감을 이룬다. 이 그립은 골퍼가 구사할 수 있는 샷의 다양성에 약간의 제한을 주지만 힘이 부족해도 그립의 흔들림이 없다는 장점이 있다.

오버래핑

오버래핑Overlapping 또는 바든Vardon 그립이라고 불리는 이 그립은 비교적 쉽게 양손을 결합할 수 있는 그립이다. 그림에서 보는 것처럼 오른손 새끼손가락이 왼손 집게손가락에 대각선 방향으로 놓이게 된다. 이 그립을 예술적인 그립이라고 생각하는데, 보다 나은 활동성과 그립감뿐만 아니라 뛰어난 클럽헤드 컨트롤과 창조력, 직감까지도 제공하기 때문이다. 이 그립은 보통 이상 크기의 손과 보통 이상의 힘을 가진 골퍼에게 적당하다.

인터메시

인터메시Intermesh 그립은 오버래핑과 인터로킹 그립의 절충형이다. 오른손 새끼손가락을 왼손의 집게손가락과 가운뎃손가락 사이에 끼워 넣는다. 이 그립의 가장 큰 장점은 양손 손가락 모두가 클럽 손잡이와 닿아 있다는 것이다. 또한 손잡이 아래까지 내려 잡을 수 있으므로 더 나은 컨트롤을 할 수 있다. 이 그립은 오버래핑과 인터로킹 중 어느 쪽을 택해야 할지 망설이는 골퍼에게 적당하다.

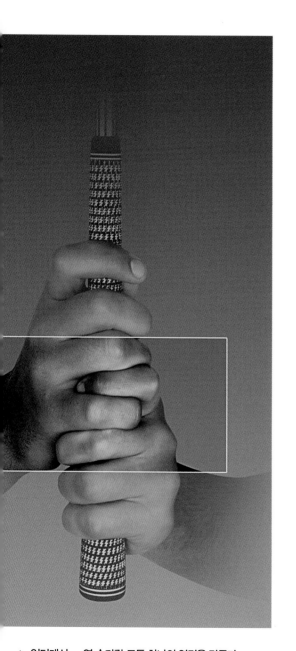

▲ 인터메시 - 열 손가락 모두 하나의 연결을 만든다.

그립을 쥐는 강도 - 가스가 새어 나올 정도로

그립을 쥐는 강도는 스윙 테크닉에서 눈으로 확인하기 어려운 부분이다. 다른 사람이 그립을 쥐는 강도뿐 아니라 그립을 잡고 있는 사람 자신도 오랫동안 습관처럼 익숙해져 버린 그립의 강도는 감지하기 어렵다.

그립을 너무 꽉 잡거나 느슨하게 잡았을 경우 스윙에서 나타날 수 있는 문제점들은 이 책의 제4법칙에서 다루게 되며 여기서는 우선 그립을 쥐는 적절한 강도를 집중적으로 살펴본다.

오른쪽 이미지에서 그립을 잡은 손에서 가스가 새어 나오는 모습은 강하게 잡은 것과 약하게 잡은 것 사이의 완벽한 균형을 설명한다. 그립이 훌륭한 골퍼는 최상의 감각과 피드백을 얻기 위해 끊임없는 신체적, 정신적 노력을 통해 항상 그립을 다듬는다. 이 이미지를 마음속에 담아 두면 그립을 어느 정도 쥘 것인가를 판단할 때 많은 도움이 될 것이다. 즉, 이렇게 생각해 보기 바란다. 그립을 쥐는 힘이 너무 부족하면 가스가 너무 많이 쏟아져 나온다. 그 반대로 그립을 너무 꽉 쥐고 있다면 가스는 전혀 새어 나올 수 없을 것이다.

너무 지나쳐도, 너무 모자라도 곤란하다. 그래도 스윙을 유지할 수 있는 최소의 압력은 있어야 좋은 그립이라 할 수 있다. 대개 왼손 그립이 손가락이 아니라 손바닥 방향으로 잘못 자리 잡아서 오른손은 샤프트 아래쪽으로 더 내려앉게 되는 문제가 생긴다.

반면 너무 꽉 잡은 그립은 눈으로는 완벽해 보이기 때문에 잘못된 부분을 감지하기는 어렵다. 그러나 이런 경우에는 클럽헤드의 무게를 느낄 수 없으므로 샷에 대한 감각도 느낄 수 없다. 또한 그립을 너무 꽉 쥐면 손목을 올바르게 꺾지 못해 스윙의 힘과 유연성을 발휘할 수 없다.

최적의 그립 악력에서는
가스가 적당히 새어 나온다. ▶

요약

이 책 전체에서 딱 한 가지 가르침을 고르라고 한다면, '스윙은 그립의 결과물이다'를 고르고 싶다. 어디가 고장난지 모르는 자동차를 고치려면 우선 엔진을 점검한 다음 나머지를 살펴봐야 하기 때문이다.

허나 그립 수정을 간단하게 받아들여서는 곤란하다. 그립 수정이란 처음에는 매우 어색하고 불편할 수 있기 때문이다. 볼은 엉뚱하게 날아가기도 하고 새로운 그립에 몸이 적응되기 전까지 게임은 당분간 엉망이 되어 자신감까지도 사라질 수 있다. 그러나 더 이상 의식적으로 조정할 필요 없이 잠재의식이 당신을 지배하는 것을 느끼기 시작하는 순간부터 모든 갈등은 사라진다.

볼에 걸리는 사이드 스핀의 양으로 그립을 가늠할 수 있다. 물론 몸동작을 더 점검해야 하는 경우도 간혹 있겠으나, 훅이나 슬라이스가 자주 나면 반드시 그립을 점검하는 것이 좋다. 그러나 스윙의 테크닉을 향상시키려면 반드시 기억해야 할 것이 있다. 클럽을 잡은 손이 몸에서 자연스럽게 늘어뜨린 자세로 매번 유지될 수 없다면 그 어떤 골프 테크닉의 향상도 기대할 수 없다는 것이다. 그립은 당신의 마음과 클럽 간의 연결고리이다. 이 고리의 질은 얼마나 클럽을 잘 잡는가에 달려 있다.

이제 손과 클럽은 한결 같은 위치에 잘 자리 잡게 되었다. 다음으로는 그립을 기초로 하는 조금 더 큰 구조인 제2법칙 셋업의 기하학을 살펴보자.

LAW 2

제2법칙

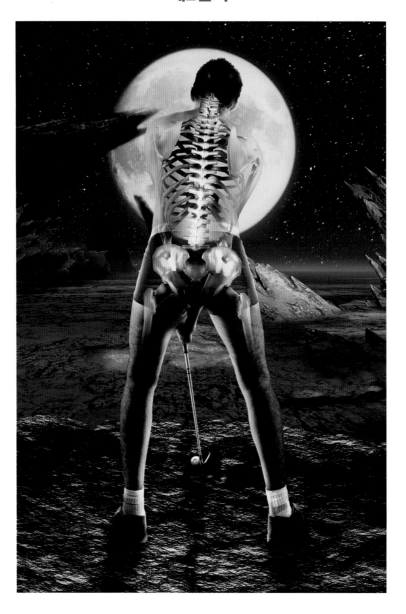

셋업의 기하학
The Geometry of the Set-up
바닥에서 위쪽으로 안정감 쌓기

머리말

첫째 장에서는 어떻게 그립이 스윙의 길잡이가 되는지 설명했다. 그러나 손만으로 볼을 타격하는 것은 아니므로, 효과적인 스윙을 위해서는 그립을 더 큰 구조 속에서 살펴볼 필요가 있다. 여기서 말하는 구조는 어드레스 시의 셋업을 의미한다.

그립을 잡을 때에는, '두 손이 클럽에 자연스럽게 연결되어 있으면 그립은 무조건 제 역할을 다할 것이다'라는 확고한 실행 원칙을 세운다. 대충 잡거나 뭔가 어색하게 잡는다면 그립은 제대로 실행될 리 없다. 이렇게 간단하다.

손과 팔의 자연스런 신체 역학적 정렬에 따라 그립을 잡을 수 있다면 이제 믿을 수 있는 스윙의 기반은 탄탄하게 준비되었다고 볼 수 있다. 그런데 손과 팔이 일관성 있는 스윙 동작을 수행하려면 안정성을 줄 근거가 있어야 한다. 가

"견고하고 힘차며 일관성 있는 스윙은 그 힘을 잘 이용하고 조절할 수 있는 튼튼한 기반이 있어야만 가능하다."

느다란 나뭇가지는 튼튼한 몸통과 연결되어 있기에 바람에 따라 앞뒤로 유연하게 흔들릴 수 있다. 또한 풍차의 바람개비도 건물 외벽에 단단히 고정되어 있어서 잘 돌 수 있다.

강하고 안정적인 스윙 역시 힘을 잘 이용하고 조절할 수 있는 든든한 기반이 있어야 가능하다. 그 기반이란 다름 아닌 바닥, 땅이다. 그립에 이어 바닥이 근본적 중요성을 가지는 이유와, 셋업과 스윙을 위한 출발점이 되는 이유를 이제부터 설명하고자 한다.

이 장에서는 견고한 어드레스 자세를 취하는 방법을 자세히 알아볼 것이다. 그러나 시작에 앞서 한 가지 밝혀둘 점이 있다. 정확한 어드레스 자세를 연습하기 위해서는 반드시 거울을 사용할 것을 추천한다. 골프란 것을 배우다 보면 우리는 스윙에 대한 이런 저런 이론과 느낌 때문에 끊임없이 현혹

되고 때론 배신도 당한다. 이럴 땐 직접 눈으로 보면 스윙의 모든 면을 가장 정확하게 확인할 수 있다. 또한 강하고 일관된 스윙 동작을 위한 완벽한 어드레스 자세를 형성하는 데 특히 도움을 준다.

스윙의 흐름도 이해하기

셋업에 대한 자세한 내용을 시작하기에 앞서 잠시 아래의 문구를 읽어보기 바란다. 이것은 스윙에 대한 지도road map 또는 흐름도라 할 수 있다. 이는 스윙의 각 요소들이 서로를 안정적으로 지원하기 위하여 어떻게 더 크고 강한 신체기관에 연결되어 있는지를 보여준다. 정확한 그립과 함께, 바닥은 스윙을 다듬고 유지하는 데 있어서 이처럼 근본적으로 중요하다.

클럽페이스는 손이 움직인다.

손은 팔에 의해 움직인다.

팔은 몸통에 붙어 움직인다.

몸통은 다리에 의해 움직일 수 있다.

다리는 땅을 딛고 움직인다.

땅은 움직이지 않는다.

셋업의 삼각기둥 관계

스윙은 가공할만한 스피드, 회전력 그리고 힘을 만들어 낸다. 셋업의 역할은 완전히 자유로운 동작을 가능케 하면서도 구조적으로 흔들림 없는 기반, 즉 바닥을 제공하는 것이다. 그립의 형성 과정에서 그랬던 것처럼 셋업에서도 신체의 기본 구조에 충실해야 한다. 발, 골반과 다리 등이 안정적으로 제 위치에 자리 잡으면 몸은 완벽한 좌우 대칭의 삼각기둥 모양이 된다.

발끝을 벌리면 무릎은 회전할 공간이 생긴다.

33쪽에 있는 이미지를 잘 살펴보면, 먼저 발끝이 바깥쪽으로 30도 가량 열려 있음을 알 수 있다. 이렇게 발끝을 약간 벌리면 각각의 발 바로 위에 위치한 무릎은 움직이기 쉬워진다. 이것이 가장 튼튼하고 강력한 다리 구조이다.

몸의 자연스런 구조적 결합을 통한 셋업은 안정성을 만들어 힘을 낼 수 있다. ▶

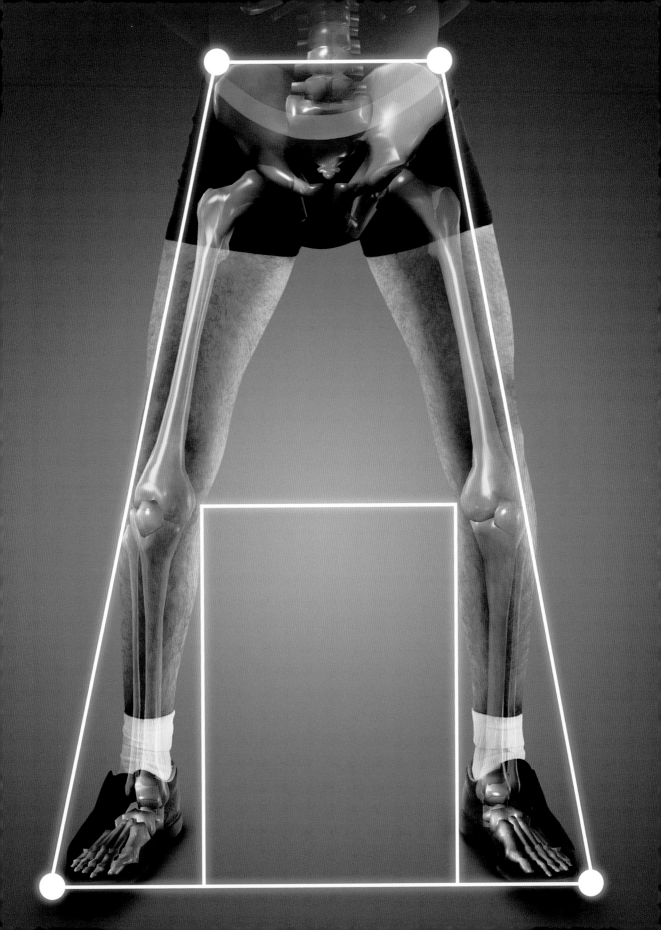

골반 바로 위쪽 몸통 부분이 백스윙에서 회전하기 시작하면 하체가 따라서 연쇄작용을 일으킨다. 연이어 무릎은 본능적으로 부분 회전을 하게 된다. 하지만 발끝이 열려있지 않다면 무릎을 움직이기 어렵다. 그 결과는 매우 위험하다. 무릎이 엉뚱한 방향으로 움직일 수밖에 없기 때문이다. 발과 무릎 그리고 다리의 도움이 없으면 몸통은 '회전' 대신 기울어지거나 옆으로 밀려나게 되어 스윙 역학의 핵심사항들을 바꿔버리게 된다.

어드레스 자세를 취할 때 무릎은 조금 웅크리고 앉는 듯한 자세가 나오도록 한다. 이 자세로 다리 안쪽 근육에 약간의 긴장감을 느낄 수 있어야 한다.

볼의 위치 – 눈 깜짝할 순간

셋업에서 볼의 위치는 비교적 덜 중요해 보이지만 실제로는 스윙의 핵심 요소들에 많은 영향을 준다. 스윙 단면과 경로에 직접 영향을 줄 뿐만 아니라, 임팩트 시 클럽페이스의 활동성 수준, 샷의 탄도와 견실한 타격에까지 영향을 미친다.

태양과 달, 지구가 일직선상에 놓여 월식이 이루어지는 것처럼 몸과 클럽페이스는 정렬이 완벽하게 이루어져야만 가장 강력한 힘으로 임팩트 지역을 통과하여 볼을 칠 수 있다. 물론 사람마다 신체 구조가 다르기 때문에 모두에게 적합한 볼의 위치란 있을 수 없다. 각자에게 가장 잘 맞는 위치는 많은 시도를 통해 찾을 수 있다.

왼팔이 최적의 볼 위치를 결정한다.

각각의 클럽들은 샤프트의 길이, 라이 각lie angle, 로프트의 정도에 따라 약간씩 다른 모양을 가지고 있다. 이렇게 클럽의 각기 다른 모습은 클럽의 솔 부분이 바닥에 닿는 어드레스 자세를 취해야 그 차이를 구분할 수 있다.

먼저 해야 할 일은 셋업 단계에서 완벽한 라이 각을 잡아주는 것이다. 스윙 중 임팩트에 도달했을 때 왼팔과 샤프트의 길이가 최대로 뻗어지는 점을 잡는 것이다. 이것은 클럽의 물리적인 성격인 샤프트의 길이, 로프트, 라이 각이 셋업에서 잡았던 위치와 동일하게 되는 것이다. 이런 사실을 염두에 두고 본다면 어드레스 시 최적의 볼 위치는 왼쪽 겨드랑이 바로 아래임을 알 수 있다.

대부분의 골퍼들에게 이런 볼 위치는 왼발 뒤꿈치로부터 오른쪽으로 5~8센티미터 이동한 자리일 것이다. 이런 위치 관계는 셋업에 있어서 불변의 요소이며 볼과 왼발 뒤꿈치 간의 거리가 크게 변해서는 안 된다.

볼 위치가 바뀌면 일관성이 떨어지는 이유

서로 다른 길이와 로프트 각을 가진 클럽을 사용함에 따라 볼의 위치를 스탠스의 좌우로 움직이곤 하는데 이렇게 하면 클럽 디자인의 고유한 특성도 변화한다. 예를 들어, 짧은 아이언은 좀 더 내려 치는 방식의 샷이 요구된다. 그 때문에 많은 사람들은 가파른 다운스윙을 하고자 볼을 좀 더 오른 쪽으로 두곤 한다. 하지만 손과 팔은 그대로 두고 있으면서 볼과 클럽헤드만 오른쪽으로 이동시키 게 되면 손과 팔은 볼보다 훨씬 왼쪽에 위치하게 된다. 그렇게 되면 클럽의 로프트 각은 줄어들게 되고 닫힌 자세를 취하게 되어 타구는 낮은 탄도로 목표보다 왼쪽을 향할 수밖에 없어진다.

반대로 드라이버를 칠 때에도 마찬가지다. 얇고 낮게 쓸어 치되 약간 오르막 스윙에 맞추어야 한다 는 말을 하도 많이 듣기 때문에 볼은 점점 더 스탠스의 왼쪽으로 치우치게 된다. 손과 팔이 자연스 럽게 아래로 떨어지는 위치에 있으면서 볼만 스탠스의 왼쪽으로 더 이동시키면 손과 팔은 이제 볼 보다 훨씬 오른쪽에 위치하게 된다. 이로 인해 클럽페이스는 너무 열려 오른쪽을 겨냥하게 되고 로 프트는 더욱 커져 수많은 아마추어 골퍼들이 끊임없이 고민하는 높은 탄도의 슬라이스 볼을 날리 게 된다.

디봇 형태에서 배우기

임팩트와 볼이 만나는 시간은 클럽헤드가 바닥을 따라 움직이는 가장 길고도 낮은 짧은 순간에 불과하다. 정확한 몸의 움직임과 스윙 단면이 함께 수행된다면 디봇divot의 형태는 비교적 길고 얕게 만들어져야 한다. 만일 디봇 형태가 너무 짧거나 깊다면 볼 위치를 다시 한 번 검토할 필요가 있다.

오른발이 움직이면 가슴판도 따라 움직인다.

어드레스 시에 왼발과 볼의 위치의 관계는 어떤 클럽을 선택하든 불변이지만, 긴 클럽을 잡을 경우에는 몸의 밸런스를 유지하기 위해 오른발을 조금씩 더 넓게 벌려 스탠스를 잡고, 짧은 클럽을 잡을 경우엔 더 좁게 스탠스를 잡는다.

선택하는 클럽에 따라 오른발의 위치는 움직이되 가슴판도 따라 움직여야 한다는 점을 명심해야 한다. 왜냐하면 가슴판의 중심은 몸의 무게 중심을 나타내기 때문이다. 예를 들어, 드라이버를 칠 때에 클럽헤드는 약간 오르막 스윙에서 볼을 타격하기 때문에 볼은 가슴판의 중심보다 약간 앞쪽에서 플레이되어야 한다. 그러나 피칭 웨지를 잡았는데 스탠스를 그냥 좁히기만 한다면 가슴판은 여전히 볼의 뒤편에 머물게 되어 짧은 아이언 샷이 필요로 하는 약간 가파르게 내려치는 스윙은 불가능해진다. 그러므로 피칭샷을 위한 정확한 셋업 자세를 잡기 위해서는 오른발을 왼발 쪽으로 움직여 두 발의 폭을 좁혀야 할 뿐만 아니라 가슴판의 중심을 볼보다 조금 왼쪽에 놓는다.

짧은 아이언에서 긴 드라이버로 바꿀 때에도 같은 원칙이 적용된다. 오른발만 옮겨 스탠스를 넓히고 가슴판은 그대로 두면 원하는 효과를 볼 수가 없다. 긴 드라이버에서도 피칭 웨지 때의 가슴판 위치를 고수하면 샷은 너무 가파른 다운스윙이 되기 때문이다.

오른발과 가슴판 간의 관계를 명확히 이해하기 위해서는 다음의 세 다이어그램을 보라.

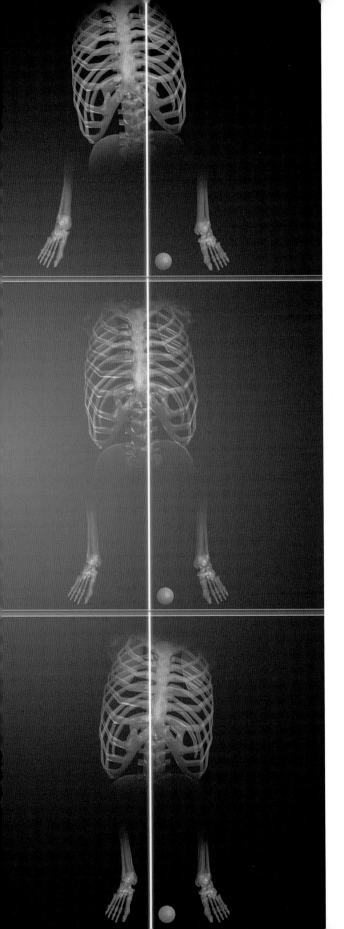

◀ 최대 기울기 – 쓸어 치면서 오르막인 샷.
(드라이버나 롱 아이언)

◀ 보통 기울기 – 얕고 날카로우며 밀어붙이는 샷.
(미들 아이언)

◀ 전방 기울기 – 압착하는 듯한 접촉.
(숏 아이언과 웨지)

주의 : 볼을 오른쪽 엉덩이보다도 더 오른발에 가깝게 놓아야 할 경우는 어드레스 시에 이미 체중이 앞쪽으로 놓이는 칩샷이나 낮은 펀치샷 뿐이다.

완벽한 자세 – 강하고 기초가 든든하며 생동감과 활기가 넘친다

F-1 경기용 자동차처럼 매우 빠른 속도로 움직이는 것들은 무게 중심이 낮으면 낮을수록 조종하기 쉬워진다. 키가 큰 사람, 특히 182cm를 넘는 사람들은 어드레스나 스윙의 일관성과 견실함을 얻기 위해 무게 중심을 낮출 필요가 있다. 좋은 자세는 일관성 있고 견실한 스윙을 가능하게 해주고, 최적의 스윙 단면을 위한 기초를 제공한다.

나는 종종 척추를 옷걸이로 비유하곤 하는데, 곧게 잘 잡힌 척추에서는 상체의 강인함과 운동신경이 느껴지는 데 반해 휘어지고 늘어진 모습에서는 그렇지 않기 때문이다.

엄청난 무게의 역기를 들어 올리려는 역도 선수를 생각해 보라. 주먹을 날리려고 하는 격투기 선수, 서브를 기다리는 테니스 선수 등을 보면 다음 동작을 취하기 위해 얼마나 몸을 자연스럽게 준비하는지를 볼 수 있다. 무언가가 일어나기 직전의 자연스러운 자세는 강인하고 튼튼한 기초 위에 있으면서 생동감과 활기가 넘친다. 골프 역시 예외일 수 없다.

유지해야 할 두 개의 핵심 곡선
앞서 언급한 모든 스포츠에 있어서 척추가 틀어진 경우에는 부상을 조심해야 한다. 골프에서는 어드레스 자세에서 두 가지 중요한 곡선을 기억해야 한다. 하나는 경추 부위의 곡선이고 다른 하나는 요추 부위의 곡선이다. 이 둘 중 어느 하나라도 틀어질 경우 척추는 몸통의 무게로 인하여 힘을 쓸 수 없게 된다.

첫 번째 곡선 : 척추의 말단
스윙 단면을 결정하는 척추의 각을 만들기 위해서는 어드레스 시에 엉덩이가 먼저 어느 정도의 기울기를 가지고 있어야 한다. 그렇게 하기 위해서 척추의 말단에 있는 꼬리뼈를 약간 들어준다.

두 번째 곡선 : 목 뒤편
어드레스 시에 턱을 들어 얼굴을 가슴으로부터 들어 올리면 어깨는 척추를 따라 90도로 자유롭게 회전할 수 있는 여유 공간이 생긴다.

◀ 경추 부위와 꼬리뼈 부분의 곡선을 유지한다.

잘못된 자세가 균형에 미치는 영향

자세의 좋고 나쁨은 스윙 중 몸과 클럽 움직임의 질을 결정한다. 몸통은 스윙 동작의 계기가 되며 몸의 중심부로서 상체와 하체가 어떻게 움직이는가에 직접적인 영향을 준다. 몸통은 또한 무게 중심이기 때문에 균형의 핵심이기도 하다.

스윙 중 균형이 무너지는 이유는 종종 어드레스의 부조화에서 찾아볼 수 있으며 특히 몸통 부분의 잘못된 자세에서 오는 경우가 많다. 셋업이 잘못되어 발생하는 악영향의 대부분은 몸통이 빠른 속도로 커다란 원심력을 만들어내는 다운스윙에서 나타난다.

체중은 발바닥 한가운데에 싣는다. 어드레스 시에 체중을 발가락 쪽으로 많이 두면 체중은 다운스윙이 만들어내는 회전력에 의해 앞쪽으로 치우친다. 그러나 체중을 너무 뒤꿈치 쪽으로 두면 다운스윙 동작의 힘은 몸을 뒤로 넘어지게 하고 다운스윙 중에 옆으로 밀리게 한다.

*"체중은
발바닥 한가운데에 둔다."*

어드레스와 보폭 그리고 자세를 잡을 때에는 발바닥의 한가운데에 체중을 놓도록 한다. 이 이미지로 스윙에서 가장 중요한 요소들 중 하나를 익히기 바란다.

매우 중요한 골프 스윙의 중간 기반. ▶

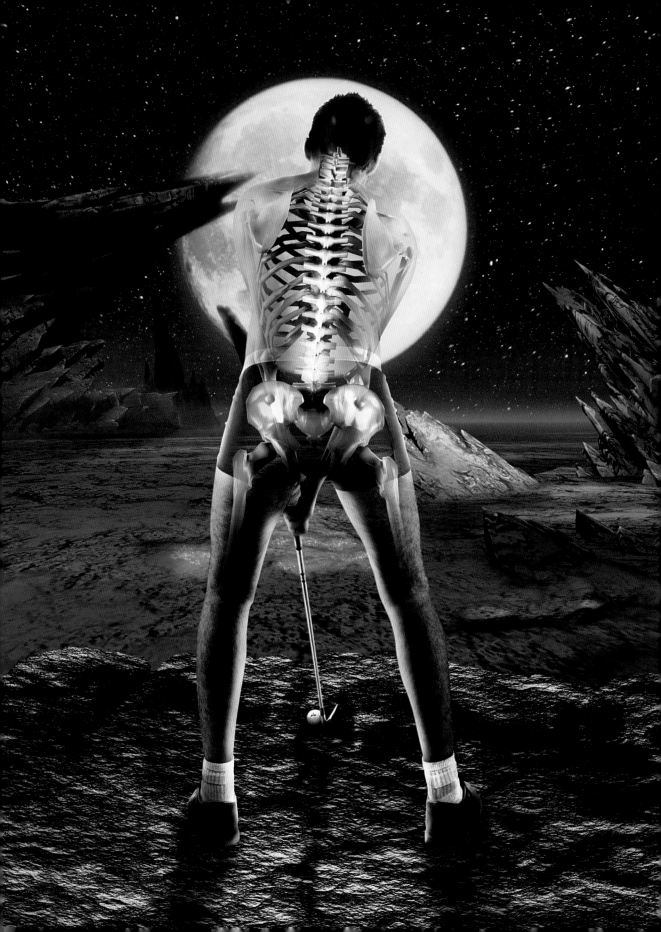

셋업의 배면 背面

척추를 기울이지 않고 상체가 회전하기 쉽게 하려면 어드레스에서는 오른쪽 어깨와 엉덩이를 왼쪽보다 약간 낮추는 것이 필요하다. 이런 변화는 아주 조금 낮춘 것에 불과하지만 척추가 전체적으로 목표 지점의 반대방향으로 기울어짐에 따라 왼쪽 엉덩이는 약간 들리는 듯한 느낌을 받는다. 이렇게 약간 기울이면 상체가 척추의 축을 따라 백스윙에 들어감에 따라 자동적으로 체중은 오른쪽에 실린다.

이 자세는 척추와 가슴판과 코가 완벽하게 일직선상에 놓임으로써 완성된다. 구조상으로 이 이미지는 완벽한 신체 역학적 구조이다. 척추는 어느 한 곳 구부러지거나 기울어짐이 없이 일직선을 이루었다. 백스윙을 정확하게 하기 위해 먼저 이해해야 하는 부분이다.

치명적인 척추 측만 현상

척추 측만은 척추가 휜 상태를 말하며 다음 쪽에 나타난 이미지를 본다면 특별한 의료 지식이 없는 사람의 눈으로도 쉽게 이해할 수 있다. 불필요하게 굽은 척추로 상체가 충분히 회전하지 못하고 백스윙에서 정확하게 축을 따라 회전하는 능력이 심각하게 저하된다. 이것은 가장 심각한 백스윙상의 문제점, 즉 백스윙 시에 체중을 왼발에 그대로 두는 일반적인 잘못이다.

이 자세가 정확한 셋업 자세와 다른 점은 먼저 왼쪽보다 현저히 높이 있는 오른쪽 엉덩이의 위치이다. 또한 척추의 중간 부분이 휘어져 몸 전체를 왼발 쪽으로 밀고 있는 것을 볼 수 있다. 이처럼 잘못된 척추의 정렬로 인해 높아진 오른쪽 엉덩이는 결정적인 장애물이 된다. 간단히 말해 뻣뻣하게 굳어버리는 것이다. 회전할 수 없기 때문에 오른쪽 엉덩이는 백스윙 중에 더 높게 기울어지게 되고 이로 인해 수평을 유지할 수도 없고, 상체의 강력한 뒤틀림도 불가능해진다.

누구나 언젠가는 등허리의 문제로 고통 받을 수 있다는 점을 기억할 필요가 있다. 예방이 언제나 최선이므로, 척추 측만이 있다면 3~6개월에 한 번씩은 정형외과 전문의의 검진을 받는 것이 문제가 생기는 것을 피하는 방법이다. 만일 문제가 있다 하더라도 척추 측만의 고통을 줄이는 방법이다.

◀ 몸에 무리가 없고 구조적으로 훌륭한 셋업 자세.

오른손잡이를 위한 척추 측만 검사

측만증이 있는지 알아보기 위해서는 셋업한 자세에서 배꼽을 내려다보라. 만일 배꼽이 현저하게 오른쪽으로 치우쳐 있다면 정형외과 전문의를 찾아보는 것이 좋겠다. 또 자연스럽게 서 있는 상태에서 왼발이 바깥쪽을 향해 있다면 자신도 모르는 사이에 측만증의 영향을 받고 있을 수도 있다.

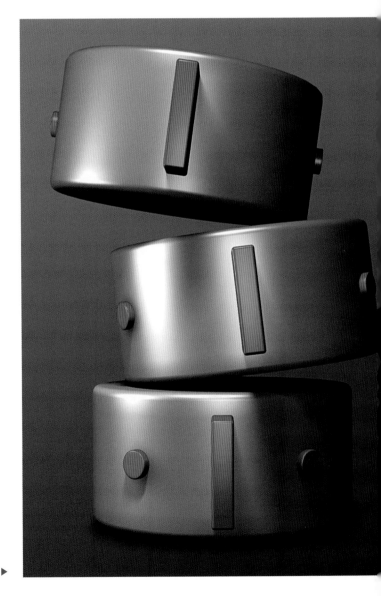

이 골퍼의 모습과 상체, 몸통, 하체를 의미하는 원통은 척추 측만증의 심각한 부작용을 보여주고 있다. ▶

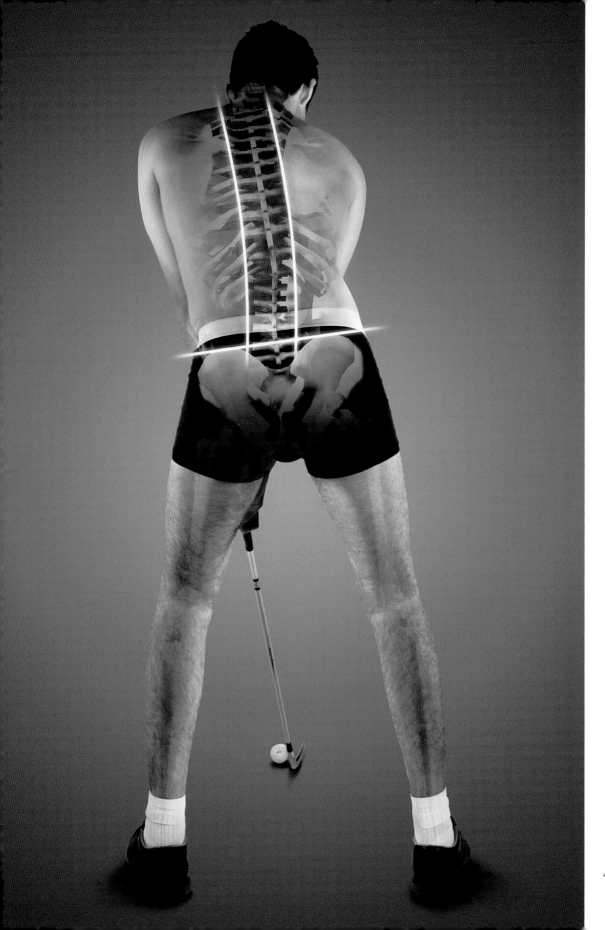

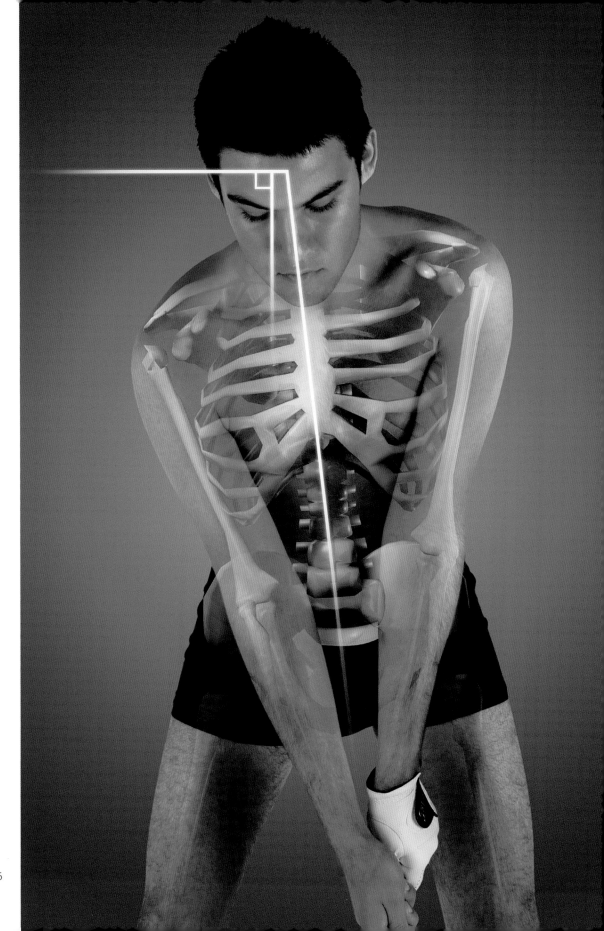

비틀림 1 – 어드레스에서 신체 역학적 효율을 창조한다

최적의 셋업 자세에서는 코와 가슴판과 척추가 완벽하게 일직선을 이룬다. 어드레스 시 머리와 가슴판의 위치 관계는 스윙 전과 스윙 중에 세 가지 중요한 기능을 한다.

기능 1 : 척추를 정렬하기 위한 기능

코와 가슴을 일직선으로 정렬하면 경추 부위부터 머리에 이르는 척추의 정렬이 완성되며, 부상으로부터 안전하고 구조적으로도 훌륭한 자세가 된다. 척추를 곧게 유지해야 부상의 위험을 줄이며 척추, 목, 어깨 관절의 불필요한 긴장을 피할 수 있다.

기능 2 : 기울어진 척추의 각은 체중 이동을 위한 것

코와 가슴판과 척추가 완벽한 일직선상에 놓이면 상체는 자연스럽게 목표 지점의 반대방향으로 약간 기울어지면서 신체 역학적으로 효율적인 자세가 된다. 상체는 이제 이 기둥을 따라 회전이 가능하며, 몸통의 회전축을 따라 기울어짐으로써 백스윙 시에 정확한 체중 이동이 가능하다.

기능 3 : 이른 회전 방지

가장 일반적이면서도 심각한 스윙상의 오류 중 하나는 몸이 너무 일찍 도는 것이다. 스윙 중에 클럽헤드는 다른 어떤 부분보다도 긴 구간을 움직여야 한다. 손, 팔, 어깨, 엉덩이 그리고 무릎이 백스윙 탑에서, 그리고 다시 임팩트에서 함께 조화를 이루기 위해 클럽헤드는 몸의 다른 어떤 부분보다도 빨리 움직여야 한다.

코와 가슴판, 척추가 맞게 정렬되면 클럽헤드를 뒤로 빼는 동안 상체가 너무 빨리 도는 것을 막아 스윙을 통제한다. 그러면서 클럽헤드가 일찍 출발할 수 있도록 함으로써 전반적인 스윙 타이밍에 기여한다.

◄ 비틀림 1 – 일직선으로 정렬된 코와 가슴판과 척추의 상태를 주목하라.

팔과 몸의 연결

이 장에서는 클럽을 잡은 그립과 같은 작고 유동적인 부분을 몸통처럼 보다 덜 유동적인 큰 근육에 연결하는 방법의 중요성을 계속 설명해 왔다. 같은 관점에서 어드레스 시 팔과 몸통 사이의 관계에 대해 알아보는 것 또한 중요하다. 달이 지구 주위를 공전할 수 있도록 지구가 끌어주는 것처럼, 든든한 덩치의 몸통은 팔이 자유롭게 회전할 수 있는 일관된 신뢰감과 안정성을 준다.

어드레스 시에는 두 팔꿈치를 각각 골반 끝에 위치시킨다고 생각한다.
팔과 몸통을 잘 연결하는 것은 스윙에 있어 필수적인 사항이다. 두 팔의 간격을 모으지 말고 약간 바깥쪽으로 벌려 팔꿈치가 각각의 골반 끝을 가리키도록 한다. 이 자세를 제대로 취하면 두 팔은 가슴 상부에서 매달리듯 이어져 내려와 겨드랑이가 상의를 가볍게 쥐는 형태가 된다. 이것에는 두 가지 기능이 있다.

기능 1: 오른팔이 정확하게 접힐 수 있도록
어드레스 시 오른쪽 팔꿈치가 오른쪽 엉덩이 골반을 향하면 백스윙 시 상완 근육이 몸통과 가슴에 밀착되면서 팔꿈치는 경첩처럼 접힌다. 다운스윙이 시작되면 오른팔은 펴지면서 임팩트에 이르러서는 어드레스 시 원래 취했던 자세로 돌아온다.

기능 2: 왼쪽 팔뚝의 정확한 회전
클럽헤드를 뒤로 빼는 테이크어웨이에서 왼팔이 정확한 동작을 이끌어 내지 못한다면 좋은 스윙 단면을 만들어 낼 수도, 클럽페이스를 중립으로 유지할 수도 없다. 어드레스에서 왼쪽 팔꿈치가 골반보다 왼쪽을 가리킨다면 왼쪽 팔뚝이 너무 많이 회전하여 너무 평평한 백스윙 단면을 낳거나 테이크어웨이에서 클럽페이스를 닫게 할 가능성이 높아진다.

팔꿈치 안쪽의 접히는 부분을 몸 밖에서 보이도록 유지해야 양 팔뚝을 중립 위치에 두어 스윙 단면을 정확하게 만들 수 있다.

팔꿈치는 각각 골반 끝을 가리키도록 한다. ▶

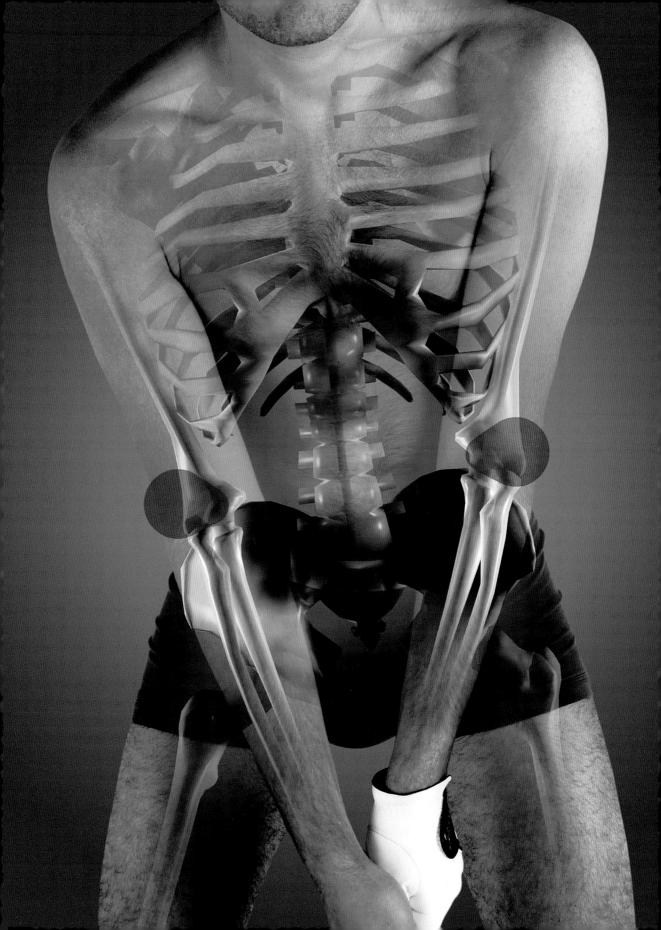

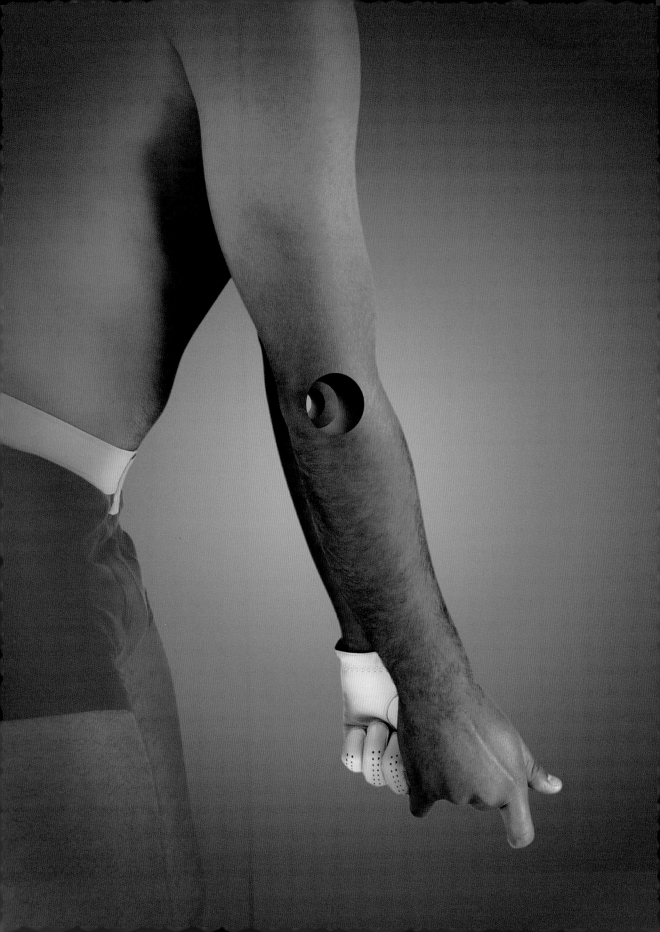

팔의 정렬 – 작은 부분이지만 커다란 결과

쓸어 치는 드라이버 샷에서의 가슴판 위치가 눌러 치는 짧은 아이언에서는 바꿈에 따라 양팔의 위치도 조금씩 변화한다. 예를 들어, 드라이버나 긴 아이언으로 공을 쓸듯이 치기 위해 가슴판이 후방으로 약간 기울어진 경우라면 양 팔뚝은 목표 라인과 모두 평행을 이루어야 한다. 그러나 가파르게 눌러 치는 피칭샷을 만들어 내기 위해 가슴판이 약간 앞쪽으로 기울어져 있는 경우라면 오른쪽 팔뚝은 왼쪽보다 눈에 띌 만큼 높이 위치할 것이다. 그와 동시에 양 팔뚝은 목표 지점보다 약간 왼쪽을 향해 정렬한다.

요약 – 스윙은 바닥에서부터 위로 만들어간다

제2법칙은 기본적으로 스윙에 관해 다음의 두 가지 중요한 기능을 제공한다. 먼저 어드레스 자세를 취했을 때 원하는 샷과 볼을 가격하는 방식(쓸어칠 것인지 혹은 눌러칠 것인지)에 적합한 요소들을 몸이 효과적으로 확인하게 해 준다. 또한 곧 시행할 폭발적인 스윙을 앞두고 가장 효과적이고 강력한 준비 상태에 있게 한다.

또한 이 장에서 소개된 것들은 부상 방지를 위한 이미지 정보로서 역할을 한다. 세상 각지의 정형외과, 물리치료, 척추교정 전문기관에는 등의 통증으로 고생하는 아마추어 및 프로 골퍼들로 넘쳐나고 있기 때문이다.

또 하나의 핵심사항은 일관성을 얻으려면 먼저 고정되어 있는 바닥에서 시작해야 한다는 것이다. 다리의 역할을 무시하고 상체만을 열심히 단련하는 사람은 결국 좌절에 이를 수밖에 없다. 그러나 자신의 스윙을 바닥에서 위쪽으로 만들어 나아가는 사람은 언제나 흔들림이 없는 기반을 갖게 되므로 어깨 회전이 쉽고 백스윙에서 용수철처럼 몸을 뒤틀 수도 있다. 스윙에서 우선순위에 대해 의문이 생긴다면 32쪽의 스윙 흐름도를 참고하기 바란다. 마지막으로, 셋업은 스윙의 나머지 부분을 돕는 절제와 활동 간의 균형을 제공하며, 다음 '제3법칙 지면 에너지 역학'에서 다리와 몸통이 어떻게 움직이는지를 배우기 전에 반드시 거쳐야 하는 과정이라는 점을 기억하기 바란다.

◀ 어드레스 시 팔의 표준 정렬.

LAW 3

제3법칙

지면 에너지 역학
Groundforce Dynamics
전설적인 골퍼들과 같은 하체의 움직임을 만든다

머리말

그립에 이어 골프 스윙에서 중점적으로 다룰 부분은 하체와 몸통의 역할이다. 단단한 하체는 상체의 움직임을 도와주고 원활하게 한다. 하체는 몸통과 함께 스윙의 비틀림과 꼬임을 만들어 낸다. 이런 움직임을 잘 만들어 내려면 몸은 바닥을 잘 딛고 있어야 가능하다.

하체의 역할이 좋다는 것은 활과 화살의 관계와 흡사하다. 화살(클럽)이 뒤로 당겨지면 활시위(팔과 몸)는 고정되어 있는 활(땅)로부터 멀어져 팽팽해진다. 만약에 활을 고정시키지 않는다면 활시위의 장력과 힘, 그리고 화살의 힘찬 발사는 불가능할 것이다. 힘이나 움직임은 고정된 무엇인가와 함께해야 만들 수 있다.

> *"다리의 역할과 몸통의 움직임은 그립과 함께 반드시 마스터해야 할 스윙의 두 번째 기본이다."*

아마추어 골퍼들은 대부분 너무 적은 동작과 너무 과한 동작 사이의 적당한 균형을 찾지 못한다. 동작이 너무 적다면 상체의 꼬임과 비틀림이 부족하다는 것이다. 그렇게 되면 백스윙 시에 체중이 앞발에 남는 역 피벗 상황에서 볼을 타격하게 된다. 반면 오버스윙을 하게 되면 임팩트 타이밍을 잘 잡을 수 없고 따라서 정확한 타격도 어려워진다.

평범한 아마추어 골퍼가 투어 프로의 어드레스를 따라할 때 느끼는 가장 큰 벽은 아마도 무릎의 유연성일 것이다. 프로의 무릎은 살짝 구부린 듯하면서 생기에 차 있는데, 이는 중심을 약간 낮춤으로써 힘을 더 쓰기 위한 것이다.

강한 몸통과 밸런스가 주는 장점은 몸 안에서부터의 수련을 강조하는 요가나 필라테스에서도 볼 수 있다. 소위 이런 '코어근육 훈련'은 퍼스널 트레이닝이나 척추 교정 지압 등에도 널리 쓰이고 있으며 최고의 골프 스윙에서도 발견된다. 셋업 자세에서 비틀림과 균형을 잘 유지하기 위한 기반을 잡을 수 있다면 이제 좋은 스윙을 위한 핵심 요소는 준비된 셈이다. 스윙 중에 몸통과 다리의 움직임은 연못에 생기는 물결을 떠올리면 된다. 다음 물결의 모양새는 먼저 생기는 물결의 모양에 따라 결정된다. 몸통 안에서 어떤 움직임이 만들어지면 그것은 물결처럼 밖으로 퍼져 무릎과 엉덩이, 어깨와 팔을 거쳐 클럽헤드까지 전달된다.

제3법칙의 테마는 바닥과 몸의 움직임 간의 관계이다. 이 장에서는 몸을 잘 정렬하고 힘을 제대로 싣기 위한 다리와 몸통의 사용법을 배울 것이다. 이를 통해 백스윙에서는 최대의 비틀림과 항력을 그리고 임팩트에는 최대의 힘을 실을 수 있다.

다른 스포츠에서 다리의 움직임을 배우기

훌륭한 다리 동작의 예는 다른 스포츠에서도 찾아볼 수 있다.

어드레스의 다리
테니스 – 다음 동작을 빠르게 취하기 위한 활기찬 사전 움직임
테니스 경기 중계를 볼 기회가 있다면 서브 리시브를 준비하는 선수의 움직임을 관찰해 보라. 선수는 날아오는 서브에 본능적으로 반응하기 위해 달려들기 직전의 고양이처럼 베이스라인 지점에서 라켓을 쥐고 좌우로 움직이고 있을 것이다.

물론 테니스 선수처럼 움직일 일은 아니지만 골퍼도 어드레스에서 갖는 느낌만큼은 테니스 선수와 비슷하다고 하겠다. 많은 탑 골퍼들이 어드레스에서 두 발을 번갈아 가며 밟는 움직임을 보이는데, 이는 마치 포도송이를 밟는 것처럼 가볍고 편안해 보인다. 하지만 실제로는 곧 있을 스윙에 앞서 두 발이 제 자리를 잡을 때까지 바닥으로부터 균형과 에너지, 그리고 지지할 곳을 찾고 있는 것이다.

아마추어 골퍼들은 앞서 말한 테니스 선수의 움직임을 모방할 필요가 있다고 본다. 정지된 상태에서 시작하는 스윙은 옳지 않기 때문이다. 골프는 스윙을 시작하기 위한 어떤 작은 움직임이 필요하며 그것을 반복적으로 수행하기 위해서는 리듬이 필요하다. 이런 움직임들은 어드레스 시 다리의 움직임이 될 수도 있고 클럽과 손의 미세한 움직임이 될 수도 있다.

백스윙의 다리

하이 다이빙 – 점프를 위해 다리를 구부린다.

다이빙 선수와 골퍼에게는 공통점이 있다. 둘 다 힘의 대부분을 딛고 서있는 바닥으로부터 만들어 내야 한다. 다이빙 선수는 보드에서 점프하여 공중으로 도약하는 힘을 내기 위해 자신의 몸을 용수 철처럼 사용한다. 골퍼도 백스윙 중에 몸통과 다리를 비슷한 방식으로 사용한다. 상체와 클럽이 백 스윙에 들어갈 때부터 두 다리는 다운스윙을 시작하기 전까지 점차로 단단하게 꼬여야 한다.

몸통 동작을 잘 조절하는 것이 완벽한 스윙을 위한 기본이 되는데, 이는 좀 더 뒤에서 설명하겠 다. 스윙의 중간 부분으로서 몸통이 스윙 중에 움직이는 방식은 상당부분 무릎과 어깨에 의해 결 정된다.

이 몸통 부분은 하이 다이빙 선수에게도 매우 중요하다. 도움닫기를 하면서 무릎, 엉덩이와 어깨를 마치 3층짜리 블록을 차곡차곡 쌓아 눌렀다가 펼치듯 점프해야 최대의 힘을 낼 수 있을 것이다. 골 프의 임팩트 자세에서도 마찬가지이다. 몸의 주요 관절들이 완벽하게 정렬되고 몸의 무게 중심이 잘 잡혀야 최대의 힘을 샷에 전달할 수 있다.

다운스윙의 다리

권투 – KO 펀치 날리기

일단 백스윙에서 비틀림과 저항력, 힘이 모아졌으면 이 에너지는 폭발력으로 변환되어야 한다. 권 투선수와 골퍼는 각자의 목표 지점으로 갈 때 응집된 에너지를 발산하게 된다. 여기서 골퍼에게 목 표는 볼이며 권투선수는 그가 노리는 상대의 신체 부위이다.

권투선수와 골퍼는 목표물을 타격할 때 몸을 사용하는 방식이 같다. 권투선수는 상대방에게 오른 손 펀치를 날리려고 할 때에 몸의 오른쪽을 뒤로 빼고 체중을 옮기며 오른쪽으로 몸을 기 울인다. 이 동작은 골프에서도 마찬가지이다. 백스윙 탑으로 몸을 회전한다는 것은 되돌아 오려는 오른쪽의 힘을 몸의 왼쪽이 이겨내야

> *"백스윙 탑으로 몸을 회전한다는 것은 되돌아오려는 오른쪽의 힘을 몸의 왼쪽이 이겨내야 한다는 것이다."*

한다는 것이다. 이렇게 하면 본능적이고 자연스러운 다운스윙이 나오도록 백스윙의 활시위를 당 길 수 있다.

권투선수가 오른손 펀치를 날리기 위해 상대에게 다가서는 순간을 보면, 먼저 왼쪽 다리를 바닥에 단단히 디딤으로써 몸의 오른쪽이 힘차게 펀치를 날릴 수 있도록 기둥을 만들어 준다. 이 펀치 장면을 느린 화면으로 보면 우아하면서도 물결처럼 순차적으로 이루어진다. 먼저 왼쪽 다리로 무게중심을 옮기고, 오른쪽은 이런 도움을 받아 몸통 전체를 사용하여 펀치를 날린다. 체중을 오른쪽에 남겨둔 채로 손목만으로 상대를 타격해서는 결코 KO 펀치를 날릴 수 없다.

훌륭한 다리 동작의 사례

최고의 스윙은 견고하고 강건한 하체의 움직임에서 나온다. 다리가 흔들리고 일관성이 없으면 절대로 벤 호건이나 닉 팔도의 전설적인 스윙을 따라할 수 없다. 스윙을 점검할 때는 언제나 바닥에서 시작해서 위쪽으로 해야 한다.

훌륭한 하체 동작의 예는 역사 속에서 많이 찾을 수 있다. 샘 스니드나 모 노먼의 다리 동작을 따라하다 보면 다운스윙 시에 놀랄 만한 안정성과 일관성을 느끼게 된다. 벤 호건은 체격이 왜소했으나 스윙에서는 폭발적인 힘을 내는 유연성과 에너지가 있음을 볼 수 있다. 백스윙 시 안정된 하체가 주는 이점은 남아프리카공화국의 어니 엘스의 스윙에서 명백해진다. 백스윙을 눈에 띄게 천천히 감아주는 동안 그는 엄청난 비틀림과 꼬임, 힘을 축적한다. 긴장된 상황에서 가끔씩 나왔던 어니의 잡아당기는 샷도 샘 스니드의 안정된 다운스윙 자세를 참고했다면 사라졌을 것이다.

핵 펀치를 날리듯 몸의 오른쪽을 볼에 던지는 데는 단연 타이거 우즈가 최고다. 백스윙에서 다운스윙으로 전환되는 동안 그는 자신 있게 오른쪽에 남아있던 체중을 모두 볼에 실어 날린다. 장타자들이 정확성을 겸비한 비거리를 내기 위해서는 반드시 몸의 오른쪽을 스윙의 끝까지 가져가야만 한다. 남아공의 트레버 이멜만이나 영국의 데이비드 하웰 역시 훌륭한 본보기다.

균형 – 곧 벌어질 스윙을 생각하고 시작하라

골퍼가 균형이 좋은지 안 좋은지는 스윙 전반에 걸쳐 확인해야 할 것이지만, 어드레스에서부터 잘 잡힌 균형이 필요하다는 것을 알아야 한다. 그것은 바로 제2법칙에서 설명한 삼각기둥 모양의 자세이며, 균형을 만들어 내기 위한 그 첫걸음이다.

두 발의 폭을 엉덩이보다 약간 넓게 잡으면 엉덩이는 이렇게 만들어진 영역 내에서 잘 회전할 수 있다. 그러나 엉덩이 폭에 비해 두 발의 간격이 너무 좁으면 무거운 몸통은 몸통 밖으로 기울어지거나 돌출되어 스윙의 안정성을 망칠 위험에 노출된다.

균형balance의 또 다른 표현으로는 평형equilibrium이다. 두 발 사이와 발바닥에 똑같이 체중을 분배하고 나면 이제 멋진 스윙을 시작할 수 있는 평형상태에 돌입한 것이다. 여기서부터 이 균형을 잘 유지하느냐 아니냐는 몸동작이 얼마나 좋으냐에 달려 있다.

오른쪽 다리 – 백스윙에서 오른쪽으로 밀 수 있는 한계를 설정한다

어드레스 자세가 좋으면 좋을수록 좋은 스윙을 할 가능성은 높아진다. 백스윙에서 오른쪽 다리의 역할은 스윙에서 반드시 마스터해야 할 핵심사항이다. 그것은 파워의 근원이 되고 샷을 망치는 엉성한 동작을 방지한다.

> *"좋은 균형은 어드레스에서 시작되어야 한다."*

백스윙 중에 오른쪽 다리의 역할은 충전 중인 배터리와 비슷하다. 어드레스 시에는 활기차게 충전을 시작할 준비가 되었다고 느껴야 하고, 백스윙 중에 오른쪽 다리는 바닥에 고정되어 비틀림 압력이 증가함을 느껴야 한다. 이 때 많은 압력을 실을수록 볼에 더 많은 힘을 실을 수 있다.

연습 훈련 : 오른쪽 다리

이 연습의 목적은 몸의 오른쪽이 백스윙에서 너무 과하게 돌아가지 않도록 하기 위한 것이다. 이것은 수많은 아마추어와 프로들의 공통적인 문제로, 몸이 너무 많이 돌아가는 문제를 다스리지 못하면 임팩트로 돌아올 때 클럽페이스가 제 위치를 찾을 수 없고 힘을 쓸 수도 없다.

이 연습은 백스윙 중에 몸의 오른쪽을 정확히 사용하고 있는지를 점검하게 해 준다. 여기서 오른쪽 무릎은 체중을 싣고 비틀림을 주는 한계점을 형성하는데 이 한계점을 넘어서는 안 된다.

- 미들 아이언을 잡고 어드레스를 취하는데 왼발은 엄지발가락 끝이 오른발 뒤꿈치와 나란할 정도로 뒤로 뺀다. 두 발의 폭은 평소보다 약간 좁게 서며 볼의 위치는 왼발 뒤꿈치로부터 2.5센티미터 정도 안쪽에 둔다.

- 백스윙을 하면서 오른쪽 무릎의 유연성을 어드레스 시에 가졌던 정도로 유지하도록 노력한다. 실제 스윙에서도 무릎에 오는 이 느낌을 동일하게 받도록 반복 연습한다.

- 이 연습은 오른쪽 다리의 정확한 느낌을 얻기 위해 고안된 것이다. 연습하며 볼을 칠 수는 있겠지만 볼을 깔끔하게 쳐내는 것이 연습의 목적은 아니다. 볼을 잘 쳐낼 수 있더라도 그것에 크게 의미를 두지는 말고 오른쪽 다리에 오는 느낌에 집중하기 바란다.

왼쪽 다리 – 늘어나는 근육을 느껴라

백스윙을 하면 몸의 근육들은 평소보다 이완되는데, 이처럼 어떤 근육들은 이완되어야 스윙에 필요한 비틀림과 항력을 만들어 낼 수 있다. 그래서 힘을 잘 쓰기 위해서는 두 다리의 역할이 중요하다. 백스윙에서 몸을 용수철처럼 꼬아 가려면 두 발을 바닥에 단단히 고정시켜야 한다. 다른 운동 경기에서도 몸의 한쪽을 사용하여 감거나 다른 쪽이 감는 것을 도와주는 비틀림과 꼬임을 볼 수 있다.

많은 사람들이 백스윙에서는 오른쪽 다리에만 집중하고 왼쪽 다리의 역할에 대해서는 그다지 중요하게 생각하지 않는 경향이 있다. 하지만 백스윙에서 몸을 감고 뒤트는 것은 오른쪽으로 당길 수 있게 하는 왼쪽의 항력 때문이다. 백스윙에서 왼쪽 무릎이 오른쪽 다리를 향해 무너지거나 힘이 풀리면 스윙에 있어서 꼭 필요한 저항력과 힘을 잃게 된다.

연습 훈련: 왼쪽 다리

이 연습은 백스윙 시 왼쪽 다리에 항력을 더 싣게 하기 위해 고안되었다.

- 평상시처럼 어드레스하되 왼발 끝을 틀어서 발끝이 9시나 10시 방향을 가리키게 선다.

- 미들 아이언이나 숏 아이언으로 부드럽고 느린 백스윙을 몇 번 한다. 이 연습은 근육의 긴장감을 느끼기 위한 것이므로 왼쪽 다리에 더해지는 팽팽함에 익숙해질 때까지 천천히 수행한다. 몸의 왼쪽 부분은 긴장을 느낄 것이며 볼을 향해 다시 풀고 싶어 하는 느낌을 받을 것이다.

- 백스윙 중에는 몸통이 회전되어야 다리 근육에 긴장감이 만들어진다는 점을 잊지 말자. 백스윙 탑까지 천천히 긴장감을 더하고 다운스윙은 부드럽게 하라. 이는 타이밍이 좋은 스윙을 위한 두 가지 핵심 요소이기도 하다.

연습 훈련 : 스쿼트 샷
– 다리의 움직임을 느끼기 위한 최고의 연습

백스윙에서 다리가 어떤 느낌으로 움직여야 하는지를 체험해 보려면 스쿼트Squat(구부려 앉아서 하는 샷) 스윙을 해 보자. 이 연습은 스윙 시 비틀림을 최대치로 만들어 주며 다리 근육 강화에도 매우 좋다. 주기적인 연습으로 하체를 단련해 놓으면 좋겠다. 보통 1시간 연습할 때 최소 15번 정도는 이 샷을 연습하는 것이 좋다.

• 보통 어드레스 자세에서 무릎을 50% 정도 더 굽힌다. 이 자세를 취할 때 제2법칙 39쪽에서 언급했던 두 개의 핵심 곡선은 그대로 유지해야 한다. 이 느낌은 역도 선수가 바벨을 들어 올리려고 준비 자세에 들어간 순간과 같다. 몸을 상당히 낮춘 상태이므로 이 연습에는 피칭처럼 짧은 클럽보다는 로프트가 있는 5번이나 6번 아이언을 사용한다.

- 스쿼트 스윙은 튼실한 꼬임과 비틀림의 백스윙을 유도할 뿐만 아니라, 임팩트와 그 이후에도 몸의 중심을 낮게 가져가는 데 도움이 된다. 이 연습은 특히 다운스윙으로 전환되는 순간 모든 스윙 단면들이 조금씩 평평해지는 것을 이해하는 데 도움을 준다. 스윙 단면의 변화는 제5법칙에서 좀 더 자세히 설명할 예정이므로 여기에서는 몸통의 튼실한 뒤틀림과 하체의 절제된 동작을 습득하는 데 집중하기 바란다.

- 이제 어드레스에서 약간의 스쿼트 자세를 취함으로써 몸을 비틀 준비는 잘 되었다. 언제나 바닥에서 위로 쥐어짜야 많은 힘을 얻을 수 있다는 것을 기억하라. 이 연습은 제2법칙에서 소개된 원칙—바닥으로부터의 스윙—을 기초로 하고 있다. 땅이야말로 균형을 잡고 일관성과 힘을 위해 버팀이 되는 유일하고도 견고한 근원이며, 이 연습은 몸을 낮게 함으로써 그라운드와 보다 친해져야만 하는 묘한 관계를 이해할 수 있게 한다.

- 이 연습에서 볼은 티에 올려놓고 하는 것이 좋겠다. 부드럽고 충분한 백스윙으로 볼을 쳐내기 바란다. 하체의 움직임이 지금껏 출렁거리고 느슨했었다면 이 연습은 다리에서 느끼는 압력과 단단함, 그리고 볼에 대한 가속까지도 곧 느끼게 할 것이다.

드럼 형태로 쌓아 올려 몸이 기울어지지 않고 회전한다.

만일 허리 벨트 모양을 그대로 수평 유지하면서 몸통을 회전시켜 스윙할 수 있다면 당신은 골프 복권에 당첨된 거나 다름이 없다. 다음 이미지는 스윙 중 허리 벨트의 수평 회전과 함께 어깨와 엉덩이, 무릎 관절들의 회전을 보여준다.

이미지에서처럼 몸통 부분이 잘 회전하는 형태로 움직이면, 주요 관절들은 그 위아래로 잘 정렬되고, 클럽헤드를 볼에 잘 가져갈 수 있도록 몸의 중심은 최적의 위치에 자리 잡는다.

오른쪽 이미지처럼 세 조각으로 나뉜 드럼통을 상상하면 좋을 것이다. 드럼의 맨 위 부분은 어깨, 가운데는 몸통 그리고 아래 부분은 다리를 의미한다. 가운데 토막이 돌출되면 다른 둘은 무너지게 된다. 스윙 중에 엉덩이가 기울어지면 몸에는 큰 압력이 가해져 임팩트에서 그를 상쇄시키려는 과도한 손동작이 나온다.

이는 구조적으로 척추와 무릎의 건강에 안 좋은 소식이다. 엉덩이가 좌우로 기울면 척추와 다른 관절 부위에는 엄청난 압력이 가중되기 때문이다. 몸은 생긴 대로 자연스럽게 회전하는 것이 좋다. 억지로 공을 날리기 위해 백스윙에서 왼쪽 엉덩이가, 다운스윙에서 오른쪽 엉덩이가 기울어지면 몸이 최적의 효과를 발휘하기 어려울 것이다.

하지만 드럼 세 개를 잘 쌓으면 백스윙과 임팩트, 팔로우를 만들어 내기 훨씬 쉬워진다. 벨트와 몸 통부분이 백스윙에서 제대로 회전한다면 어깨는 무리 없이 90도로 회전될 수 있다.

▼ 이 이미지는 몸의 주요 관절을 정확히 쌓아 올린 모습을 보여준다.

벨트라인을 수평으로 유지하면 가슴판은 임팩트를 위한 최적의 위치에 온다

벨트라인을 수평으로 유지하는 것은 가슴판을 임팩트 시에 정확한 위치로 되돌아올 수 있게 하며, 스윙의 저점低點이 볼보다 뒤에 만들어져 뒷 땅을 치는 가슴판 기울어짐 현상을 방지한다. 최대의 힘을 이끌어내기 위해서는 체중 전부를 목표 방향으로 보내는 것이 좋다. 체중은 고정되어 있거나 목표로부터 멀어지는데 엉덩이만 기울이고 내민다면 힘도 정확한 타격도 기대할 수 없다.

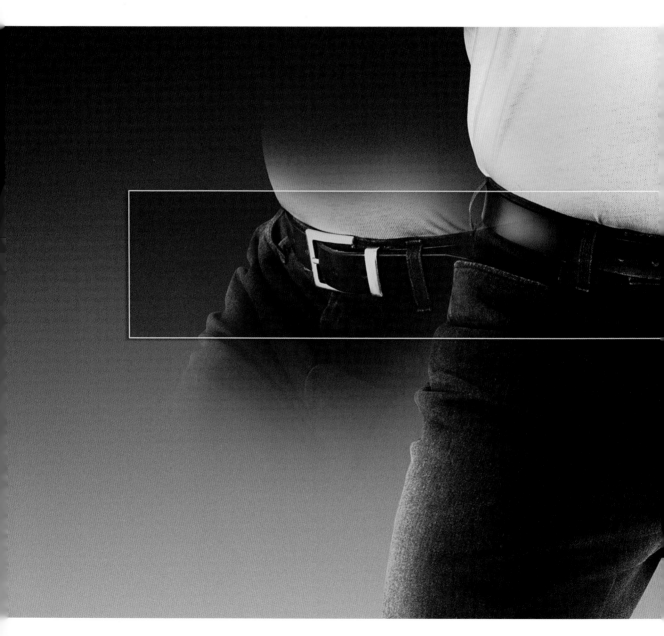

간단히 자신에게 질문해 보라. 자동차를 밀 때에 엉덩이로만 미는 것과 온 몸의 체중을 실어 미는 것 중에 어느 것이 더 쉬울 것인가. 규칙적으로 아래 이미지에 소개된 동작을 거울 앞에서 해 보기 바란다. 엉덩이가 기울어지는지 확인하면서 말이다.

▼ 벨트라인을 수평으로 유지하는 법을 배우면 스윙에 도움이 된다.

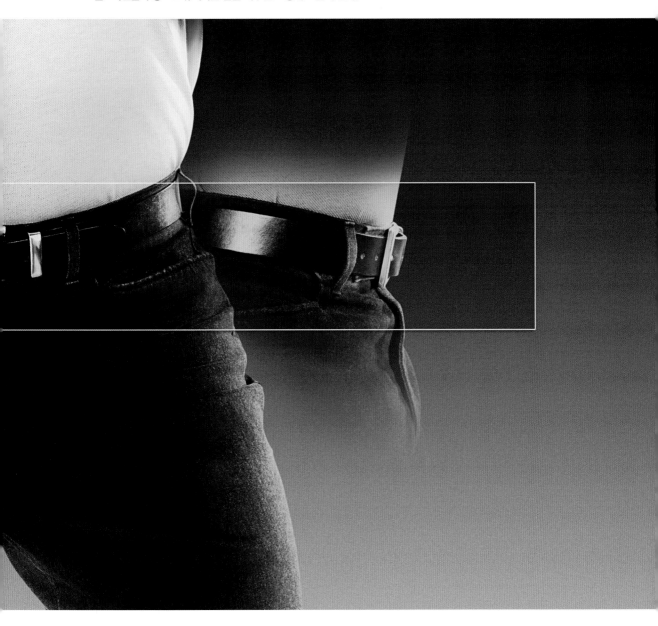

기울어진 엉덩이가 샷에 미치는 영향

초보 골퍼들도 아래의 스윙 이미지에서 뭔가 잘못된 것을 쉽게 알아차릴 것이다. 이런 희한한 방식
으로는 깔끔하고 힘찬 볼을 쳐낼 수 없을 것이다. 잘못된 그립의 문제도 있지만 엉덩이가 이렇게
기울어져서는 안 된다.

이미지 1: 앞서 언급한 드럼의 가운데 토막을 누군가가 발로 차버린 듯이 보인다. 이 골퍼는 목표를
향해 몸을 회전시키는 것이 아니라, 단순히 어깨를 휘두르고 엉덩이를 기울였다.

이미지 2: 다운스윙에서 엉덩이가 기울어지면 가슴판은 목표 반대방향으로 기울어져 타점은 훨씬 뒤에서 만들어진다. 이 골퍼는 잘못된 몸동작을 만회하기 위해 손을 과도하게 사용한다. 가슴판이 뒤로 기울어지면서 손은 부자연스럽게 앞으로 뻗게 된다.

여기 두 이미지는 어깨와 엉덩이, 무릎들 간의 관계가 어떻게 흐트러지는지 보여준다. 이처럼 엉망진창 흐트러지고 제멋대로 하면 견고한 타격은 어렵고 부상만 초래한다.

◀ 이미지 1과 이미지 2: 스윙의 영역을 벗어난 움직임.

▼ '기울어짐'이란 드럼통 가운데 부분이 이탈한 것을 말하며, 불안정하고 일관성 없는 동작을 만들어 낸다.

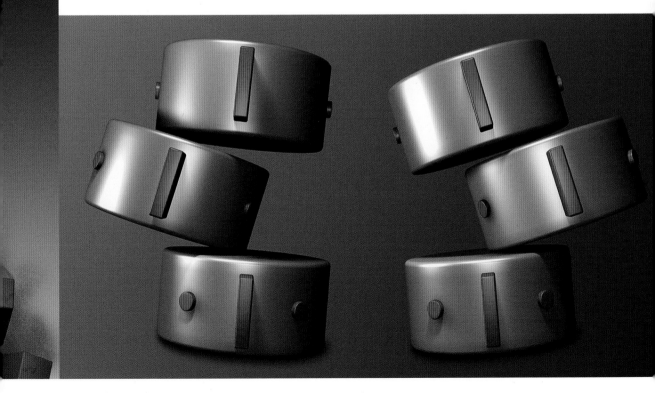

몸통 부분은 어떤 궤도를 가져야 하는가

제2법칙에서는 '스윙에서 몸통 부위'의 중요한 개념을 소개했다. 그립 이외에는 이 몸의 중심 부위
가 스윙 중에 일어나는 거의 모든 동작의 기준이 되어야 한다. 몸통은 그럴 권한과 책임이 있다. 여
기에는 세 가지 이유가 있다.

- 몸의 균형은 가슴판 바로 아래 부분에서 조절된다.
- 몸통 동작의 좋고 나쁨이 어깨와 무릎의 움직임을 결정한다.
- 몸통은 스윙에 있어서 무게 중심이다.

일단 정확한 어드레스 자세가 잡히고 나면, 몸의 각 부위는 전략적으로 중요한 역할을 수행한다.
그 중에서 몸통 부분의 정확한 움직임은 물결처럼 스윙의 나머지에 영향을 미친다. 아래의 이미지

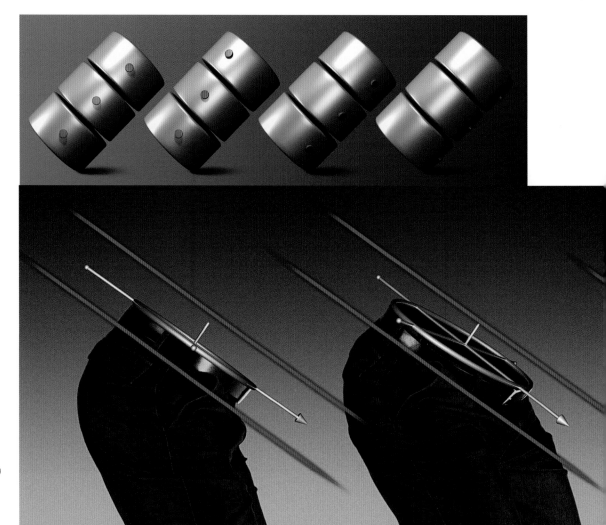

는 스윙이 가장 효과적인 경로로 움직이기 위해 몸통이 취해야 하는 정확한 동작을 묘사하고 있다.

이미지에서 볼 수 있듯이 벨트의 선과 기울기는 스윙 전반에 걸쳐 정확히 같은 곳에 머물고 있다. 이것은 중심 부위의 모든 것들이 동일 선상에 머물러 있음을 말한다. 벨트와 바지의 선은 정확하게 엉덩이 관절에 위치하고 있으므로 좋은 지표가 되며 늘 주의해 관찰할 필요가 있다. 벨트 선이 유지되는지와 함께 등허리와 엉덩이, 허벅지로 이어지는 기울기도 주시하기 바란다. 역시 처음 어드레스할 때의 위치를 스윙 중에도 그대로 유지한다. 이 기울기는 몸통이 정확하고 일관성 있게 움직여야 그대로 유지되는 것으로, 기울기 그 자체는 점검할 만한 가치가 있다.

다음 쪽의 오른쪽 이미지를 보면, 몸통과 다리가 상체에 대해 거의 절대적인 영향력을 가지고 있음을 알 수 있다. 하체의 안정성이 없이는 절대로 상체가 제대로 움직일 수 없다.

벨트가 어드레스 시에 어떤 기울기로 시작했든 스윙 중에는 그 기울기가 그대로 유지되어야 한다. 따라서 매우 중요한 스윙의 기본이므로 규칙적으로 연습하자.

▼ 아래 이미지와 드럼통 이미지는 궤도를 유지하고 있는 몸통을 묘사하고 있다.

▼ 몸통 아래의 동작은 상체의 동작을 지지하는 버팀목이 된다.

이미지 1

이미지 2

상체의 축을 완성하기

다리와 몸통만 효과적으로 사용할 수 있어도 스윙은 놀랄 만큼 쉬워진다. 몸통 부위가 약간 기울어진 원기둥 형태로 회전하면 어깨는 본능적으로 그 축을 따라 정확하게 회전한다. 그래서 다리의 역할이 중요하다는 것이다. 다리는 몸통이 정확하게 회전할 수 있도록 지탱해 준다.

제2법칙에서, 어드레스 시에 척추는 목표 반대 방향으로 약간 기울어진다고 했다. 이렇게 수직에서 조금 기울이게 되면 이점이 많아진다. 그 중 하나가 백스윙 시에 체중 이동을 의식적으로 하지 않아도 된다는 것이다. 실제로 좋은 스윙에서 체중 이동은 사람들이 상상하는 것보다 훨씬 미미하다.

백스윙 중에 일어났던 움직임은 임팩트에 이르러 모두 원위치로 돌아와야 하고, 좋은 임팩트를 만들기 위해서 아주 조금 더 더해져서 돌아와야 할 뿐이다. 백스윙을 너무 크게 하거나 체중을 많이 이동하면 다운스윙에서 그만큼 몸을 더 많이 이동시켜야 볼을 정확히 타격할 수 있다.

일단 어드레스에서 약간의 척추 각 기울기를 만들어 주고 나면 의식적으로 체중 이동을 생각할 필요가 없다. 단순히 척추를 따라 어깨를 회전시키면 필요한 모든 체중 이동은 자동적으로 일어난다.

다른 기본기가 잘 갖추어져 있는데도 체중 이동에 실패하는 유일한 경우는 오른쪽 엉덩이가 백스윙 중에 높이 올라가 몸통의 회전을 방해하는 경우이다. 왼쪽의 두 이미지는 상체를 회전할 때 취해야 할 중요한 두 가지 동작을 설명하고 있다.

이미지 1

정면에서 바라봤을 때, 엉덩이는 수평으로 회전하며 무릎과 다리는 이를 견고하게 잘 지지하고 있다. 척추가 후방으로 약간 기울어짐에 따라 얻는 자동 체중 이동의 효과와 함께 좋은 몸통 회전을 위한 요소들을 모두 확인할 수 있다(비틀림 1).

엉덩이는 비교적 하나의 단면을 따라 회전한 반면, 상체는 목표 반대방향으로 약간 기울어져 있다. 그러나 머리는 약간 회전하여 6시 방향에 있는 볼 바로 위의 원위치로 되돌아오려는 것을 느낀다(비틀림 2). 이것은 당연한 현상이며 백스윙 시의 뒤틀림을 극대화하기 위해 꼭 필요한 것이지만, 아무리 유연해도 이보다 더 머리가 돌아가서는 안 된다. 한편 머리가 회전되었을 때 볼의 왼쪽을 내려다보는 듯한 위치에 가면 이것은 축이 반대편으로 움직였다는 것으로 스윙에 힘을 실을 수 없다.

마지막으로 좋은 회전 동작을 위해 몸의 각 부위는 얼마나 회전을 해야 하는가 알아보자. 백스윙을 완료했을 때 어깨는 90도 정도, 엉덩이는 45도 정도 돌아가는 것이 기준이다. 하지만 과거에도 많은 탑 골퍼들이 이보다 상당히 많거나 적은 회전으로도 훌륭한 스윙을 했다는 사실을 알아야 한다.

유연성이 뛰어나다면 상체의 비틀림을 크게 함으로써 얻는 이득이 있을 수 있다. 반대로, 체구가 작고 유연성을 덜 사용하고도 좋은 골프를 구사할 수 있다. 하지만 그 어떤 경우라도 몸의 속도에 맞게 클럽헤드의 동시성은 유지되어야 한다. 이 부분은 다음 제4법칙에서 상세히 논의하겠다.

이미지 2

72쪽의 오른쪽 이미지는 넘치는 힘보다는 기하학적인 효과를 설명하고 있다. 어드레스 때 만들어진 척추의 기울기는 백스윙 탑까지 그대로 유지되어야 한다. 이것은 백스윙 중에 왼쪽 어깨가 처음 위치보다 약간 아래로 떨어져야 가능하다. 셋업 자세에서 조금도 변하지 않는 또 다른 하나는 오른쪽 무릎의 위치이다. 비록 몸통의 회전에 대한 반응으로 아주 조금 돌기는 하지만 여전히 무릎은 원래 시작했던 모습을 거의 그대로 유지하고 있다. 왼쪽 무릎도 잘 절제된 모습을 보여준다.

상체와 몸통은 백스윙 시에 왼쪽 무릎의 움직임에 영향을 준다. 상체가 꼬임에 따라 왼쪽 무릎은 볼을 향하여 약간 안쪽으로 잡아 당겨지고 발 중심에 있던 체중은 왼발 안쪽으로 이동한다. 다리가 해도 되는 유일하고도 자발적이며 의식적인 동작은 다운스윙 시 오른쪽 다리와 무릎이 하는데, 이에 대해서는 제6법칙에서 설명하기로 한다. 이 밖에 다른 모든 동작은 비능률적이고 좋은 스윙에 도움이 되지 않는 것들이다.

마지막으로 한 가지, 이 상태에서 두 무릎 사이에는 빈 공간이 보이지 않는다는 것이다. 이것은 두 다리가 상체를 잘 지지하고 통제하고 있다는 것을 보여준다. 만일 두 다리 사이로 빛을 볼 수 있다면 상체가 너무 많이 회전되었거나 역 회전축에 들어갔을 가능성이 높다.

요약

제2법칙은 어드레스 시에 허약하고 부스러질 것만 같은 자세의 골퍼들을 기초가 튼튼하고 견고한 자세의 골퍼로 바꿔줄 수 있다. '기초가 튼튼하다' 라든지 '견고하다'는 것은 이 땅 위의 모든 구조물들이 추구하는 바가 아니겠는가.

하지만 이 개념이 어드레스에서 끝나는 것은 아니다. 여기에서 만들어진 노력의 좋은 결과는 다음의 스윙 동작에서 계속되어야 한다. 제3법칙에서는 다리와 몸통이 가지고 있는 힘을 어떻게 극대화하는지 알아봤다. 왼쪽, 오른쪽 다리 연습은 바닥에 잘 고정되어 있는 하체를 감아 필요한 긴장감을 만들어 내고 느낄 수 있게 한다.

이 장에서는 또 스윙 동작이 절제되어야 한다는 것을 설명했다. 상체와 벨트 선, 몸통은 기울어지지 않은 채 회전하는 형태로 움직여야 하며, 그렇게 함으로써 스윙 중에 척추를 중심으로 정확하게 회전할 수 있다. 이것은 깔끔히 타격하고 힘을 싣기 위해 우선적으로 필요한 요소이다.

대개 백스윙에서 다리 움직임이 좋은 사람은 다운스윙에서도 다리 움직임이 좋다. 제6법칙에서는 다운스윙에서 임팩트에 이르기까지 다리가 수행하는 중요한 역할에 대해 논의할 것이다. 그 때까지 당분간은 백스윙에서 다리가 느끼는 정확한 느낌을 얻기 위해서 스쿼트 자세의 연습 샷보다 나은 것이 없다. 이것은 스윙 전반에 무게 중심을 낮추는 연습이므로 백스윙을 감고 압력을 만드는 능력을 극대화시키며 들쭉날쭉하게 팔로만 하는 스윙을 피하게 한다.

이제 스윙 속도가 점점 빨라짐에 따라 클럽과 팔의 스윙 동작을 어떻게 몸의 회전과 조화롭게 만들지를 다음 단계 '제4법칙 동시성 : 스윙의 시계열적 측면'에서 배우자.

LAW 4

제4법칙

동시성
Synchronicity
스윙의 시계열적 측면

머리말

스윙 타이밍에 관해서 핵심만을 꼬집어 낼 수 있다면 참 좋을 것이다. 지난 십여 년 동안 발전된 교습 방법과 기술 덕택에 좋은 스윙 테크닉이 무엇으로 구성되는지 상당히 이해할 수 있었다. 하지만 아직도 많은 골퍼들에게 골프의 타이밍은 정의하기 어려운 것으로 남아 있다. 정상급의 선수들에게는 이런 문제가 별로 없겠지만 보통 실력의 아마추어 골퍼들에게는 괴로운 문제로 남아 있다.

현대의 스윙은 많은 투어 프로들에서 보듯이 점점 더 비슷해져 간다. 그것은 아마도 교습 이론이나 지도 방식이 최근 주목 받고 있는 스포츠 과학이나 신체 역학 등과 결합하여 일반화·규격화되는 현상을 반영한 것으로 보인다.

> *"많은 골퍼들에게*
> *좋은 타이밍은 어려운 과제이다."*

이렇게 보강된 이론으로 보다 효율적이고 강력하며 관리가 용이한 스윙 동작의 개발이 가능해졌으며, 이를 토대로 부적절한 타이밍을 유발할 수 있는 스윙의 나쁜 요소들을 보다 쉽게 찾아내게 되었다. 엉성한 타이밍이나 템포의 원인을 찾는 것은 예전에는 볏짚 속에서 바늘 찾기였다. 하지만 지금은 다르다. 일단 잘못된 부분을 먼저 인식하고, 올바른 이미지를 참고하여 이 장에 나와 있는 방법으로 연습한다면 문제를 제거할 수 있다.

스윙에서 타이밍에 대한 정확한 이해를 얻기 위해서는 큰 틀에서 스윙을 인식하는 것이 중요하다. 이 장에서 논의되는 가장 중요한 것은 클럽헤드와 손과 몸 사이의 관계이다. 예전에는 이것들이 함께 같은 속도로 움직여야 한다는 점을 지나치게 강조했다고 생각한다. 비록 그 의도가 아무리 좋더라도 너무 고집하면 스윙 동작의 개별적인 타이밍을 맞추지 못할 것이다.

거리, 속도, 방향

만일 스윙에 관여되는 모든 부분이 모두 정확하게 같은 거리를 같은 속도로 움직인다면 골프는 마스터하기 매우 쉬운 운동일 것이다. 간단히 말해 모든 것들이 시작과 종료를 같이 한다면 말이다. 안타깝게도 실상은 전혀 다르다. 보통 스윙에서 클럽헤드가 움직이는 거리는 3미터 이상이지만 몸통은 겨우 몇 센티미터만 움직인다. 그러므로 같이 시작해서 같이 끝나는 스윙을 하기 위해서는 몸의 어떤 부분은 다른 부분보다 더 빨리 움직여야 한다.

스윙 리듬은 스윙 중에 신체 각 부분이 동시성을 가지고 움직이는 데 핵심적인 역할을 한다. 예를 들어, 클럽과 몸이 백스윙의 초기 단계에서 동일한 리듬과 움직임을 가지고 있다면, 몸통의 큰 근육들이 백스윙을 주도할 것이고 손과 팔과 클럽헤드를 의도했던 스윙 단면보다 훨씬 안쪽으로 끌어당길 것이다. 아래에 소개된 스윙 동시성 차트를 보면 이 개념에 대해 더 명확하게 이해할 수 있을 것이다.

스윙 동시성 차트

스윙 속도는 바닥으로부터 멀어질수록 점점 더 빨라지게 된다. 바닥은 고정되어 있고 움직이지 않는다. 발은 가장 짧은 거리를 가장 느린 속도로 움직인다. 그에 반해 클럽헤드는 가장 긴 거리를 움직여야 하기 때문에 가장 빨리 움직여야 한다. 이제 목표는 각각의 타이밍을 하나로 잘 섞어 완전히 하나로 움직이게 만드는 일이다.

여기서 몸과 클럽헤드의 관계는 수레바퀴 축과 테두리의 관계를 상상하면 좋을 것이다. 축이 작은 원을 그리며 도는 동안 바퀴 테두리는 훨씬 빠른 속도로 돌아야 한다. 스윙도 같은 방식으로 움직인다.

스윙 동시성 차트와 스윙 속도의 순서. ▶

클럽헤드
100마일

손
70마일

어깨
60마일

엉덩이
35마일

무릎
15마일

ZERO

리듬과 박자 – 백스윙과 다운스윙의 속도를 비슷하게 해 주는 것

투어 프로들의 강력하고 효과적인 스윙에서 보이는 리듬은 언제나 두 박자의 성질을 가지고 있다. 백스윙 속도와 다운스윙 속도가 서로 거의 비슷하다는 것이다. 그런데 평범한 골퍼들에게 이 두 스윙 속도의 차이는 큰 편이다.

백스윙을 시속 20마일로 천천히 하는 골퍼가 볼을 멀리 날려 보내려면 시속 80마일로 다운스윙을 할 수밖에 없다. 이런 두 스윙 간의 속도 차이는 결국 볼에 대한 타이밍과 통제력을 망가뜨리게 된다.

마찬가지로, 백스윙을 시속 80마일의 속도로 홱 잡아챘다면 다운스윙 속도는 20마일 정도로 현저히 줄여주지 않는다면 샷에 대한 통제력은 기대할 수 없을 것이다. 훌륭한 골퍼는 스윙의 타이밍을 잘 다듬고 유지할 수 있어야 한다.

리듬과 템포

스윙 템포는 각자 다를 수 있지만, 좋은 리듬이란 선수들마다 거의 같다. 스윙 템포는 대개 개개인의 성격에 따라 조절되고 통제된다. 성격 급한 골퍼가 스윙 템포를 줄이는 것은 어려운 문제일 것이다. 마찬가지로 느린 스윙 템포를 가진 사람이 거리를 내려고 스윙 속도를 빠르게 하면 역시 문제가 생긴다. 더 나은 결과를 낳기 위해서는 본인이 타고난 템포에 따라 연습해야 하며 더 나아진 스윙 체계를 통해 유연한 리듬을 갖춤으로써 해결해야 할 것이다.

리듬과 템포 간의 차이점을 극명하게 보여주는 선수들은 어니 엘스와 닉 프라이스이다. 느긋하고 육중하기 그지없으며 윤곽이 큰 어니 엘스는 빨리 걷고 빨리 말하는 닉 프라이스보다는 언제나 다소 느린 템포를 가지고 있다. 하지만 두 사람 모두 매우 훌륭한 두 박자 스윙을 가지고 있다.

◀ 스윙 템포를 이해하는 것은 매우 중요하다.

비틀림 2 – 스윙 탑에서 볼을 내려다보기 위해 고개를 돌린다

비틀림 1에 대해서는 제2법칙에서 설명한 바 있다. 기억을 더듬어 보면, 비틀림 1은 세 가지 중요한 용도를 가지고 있다. 머리부터 발까지 척추 선을 정렬하고, 백스윙 시에 의식적으로 체중이동을 하지 않아도 되며, 상체가 너무 빨리 회전하거나 전체 스윙 타이밍을 방해하지 않도록 한다. 하지만 몸통을 끝까지 회전해야 하는 시기가 되면 머리는 약간 같이 돌아가야 어깨가 충분히 회전할 수 있다. 비틀림 2는 이때 머리를 얼마나 돌리는 것이 정확한가에 중점을 두고 있다.

백스윙 중에 머리가 스윙을 따라 마냥 돌도록 놔두면 비틀림과 꼬임에 대한 감각을 모두 잃어버린다. 그래서 느슨하고 생기 없는 스윙을 하게 되며 임팩트 시에는 힘과 통제력을 상실한다. 또한 스윙의 동시성을 저해하기도 한다. 고개가 마음대로 돌도록 놔두면 백스윙에서 팔은 여유 공간이 많이 생겨 어깨 회전에 비해 너무 많이 움직인다.

> **"백스윙 탑에서 몸이 충분히 뒤틀려 팽팽히 긴장되어 있을 때 머리는 최적의 위치에 있다."**

비틀림 2는 머리가 약간만 돌게 함으로써 백스윙 탑에서 볼을 정면에서 내려다보는 것이다. 머리의 동작을 제한하면 등 상층부 근육을 긍정적이고도 효과적으로 긴장시킨다. 백스윙 탑에서 몸이 충분히 뒤틀려 팽팽히 긴장되어 있을 때 머리는 최적의 위치에 있게 되는데 이런 좋은 느낌이 우연히 생겨서는 안 된다. 이 느낌은 간결하고 강력한 백스윙 탑을 빠르고 효과적이며 일관성 있는 방법으로 만들게 하기 때문이다.

비틀림 2 – 상체 등 근육을 효과적으로 감기 위해 머리의 움직임을 제한하라. ▶

보다 나은 스윙 순서를 위해 몸에 가상의 창을 꽂는다.

제2법칙에서 언급한 것처럼 백스윙 시에 몸이 너무 일찍 회전해서는 안 된다. 너무 일찍 회전하면 스윙의 타이밍과 클럽의 위치를 잡는 데 심각한 문제를 일으킬 수 있다. 백스윙 초기에 옳은 길과 단면을 따라 움직이기 위해서는 클럽이 몸보다 먼저 움직여야 한다. 백스윙 첫 단계에서 타이밍이 잘 맞으면 일관성과 간결성을 보장하는 최적의 스윙 단면이 가능하다. 이에 대해서 다음 장에서 배울 것이다.

좀 섬뜩하지만, 이 이미지는 바로 올바른 타이밍 순서를 정확히 묘사하고 있다. 창은 몸이 한꺼번에 일찍 회전하려는 것을 억제하여 골퍼가 우선 클럽을 정확한 궤도에 올리게 한다. 이 위치에서부터 몸통은 척추의 기울기를 따라 뒤틀리고 팔은 백스윙 탑을 향하여 감긴다. 하지만 이에 앞서 스윙 중 팔과 몸을 하나로 가져갈 때에는 먼저 올바른 상상력과 느낌을 마음속에 떠올리는 것이 필수적이다.

연습 훈련 : 순서를 맞추는 연습

- 진지하게 어드레스 자세를 취한다. 이제 눈을 감고 창 하나가 등에서 몸을 관통하여 배꼽을 지나 바닥에 꽂히는 그림을 상상하라.

- 손을 낮게 당겨서 클럽이 백스윙의 '중간 단면'에(108쪽 참조) 위치하도록 한다.

- 정확히 순서에 맞게 백스윙하기 위한 이 연습의 마지막 단계는 하체의 저항을 이겨내는 것처럼 몸통을 뒤틀어 창을 툭 부러뜨려 버리는 것이다.

- 물론 이것은 연습 훈련임을 잊지 말아야 한다. 이렇게 둘로 나눈 동작을 의식적으로 이으려는 시도를 실제 코스에서 하지 않는다.

클럽과 팔을 먼저 움직이고 나중에 몸을 회전한다. ▶

팔의 생리적 기능

스윙에서 팔은 몸의 힘을 손과 팔목, 클럽헤드에 전달하는 중요한 역할을 한다. 또한 백스윙에서 정확한 타이밍과 순서를 결정하는 도구가 되므로 팔이 어떻게 기능하는지 좀 더 자세히 살펴본다.

왼팔 - 뻣뻣하지 않고 편안하게
스윙 중에 왼팔은 가급적 뻣뻣하고 곧게 유지해야 볼과의 거리를 잘 맞추고 힘을 잘 전달할 수 있다고 생각한다. 이것은 백스윙에 대해 잘못 알고 있는 것이다. 불행하게도 대개 이것은 정반대의 효과를 낳는다. 힘 있게 느껴지겠지만, 왼팔을 최대한 곧게 편 상태로 길게 클럽을 일직선으로 빼는 동작은 실제로는 스윙에 실을 수 있는 힘을 제한한다.

왼팔을 곧고 긴장된 상태로 유지하여 얻는 문제는 두 가지다. 첫째, 클럽헤드는 부자연스럽게 긴 백스윙을 하게 되며, 테이크어웨이할 때 클럽페이스가 닫히거나 덮이는 원인이 된다. 백스윙에서 다운스윙으로 방향이 바뀌는 순간에는 왼팔에 가해진 힘으로 인해 손목이 지나치게 구부러지는 현상을 초래하고, 이는 좁고 가파른 모양의 스윙을 만들어 수많은 문제를 낳는다.

두 번째 문제는 곧게 펴진 왼팔 때문에 백스윙에서 몸의 회전이 너무 일찍 일어난다는 것이다. 백스윙이 반밖에 안 된 상태에서 상체는 이미 충분히 뒤틀린 위치에 와버리는데 팔은 탑 스윙까지 더 돌려야 하므로 결과적으로 볼을 정확히 타격하기 어려워지고 방향성에도 문제가 생긴다.

연습 훈련 : 초승달 훈련

- 보통 어드레스 자세에서 오른손은 클럽 대신 왼쪽 팔꿈치 안쪽을 잡는다. 그 상태에서 왼팔로만 백스윙에 들어가되 왼쪽 이미지처럼 초승달 모양을 만들어 낼 수 있도록 팔꿈치를 조금 굽힌다.

- 이렇게 몇 번을 연습한 다음 이제는 오른손도 제대로 그립을 잡고 '부드럽고 좁은 초승달' 느낌을 유지하면서 백스윙 연습을 한다. 그 느낌에 익숙해지면 왼팔의 이 새로운 느낌에 집중하면서 볼을 친다.

- 이 연습을 할 때에는 느낌을 잘 기억하도록 한다. 팔을 뻣뻣하게 하는 스윙과는 전혀 다른 느낌일 것이다. 팔을 뻣뻣하게 펴서는 절대로 채찍질을 잘할 수 없다. 힘을 가할 수 없다. 똑같은 개념이 이 스윙에도 적용된다.

왼팔을 굽혀서 긴장의 고리를 끊는다

백스윙에서 왼팔 팔꿈치를 약간 구부리는 것은 매우 바람직하며 정상적이고, 도움을 준다. 왜냐하면 왼팔이 고정되어 생기는 긴장의 고리를 끊어버리기 때문이다. 느슨해진 근육은 팔이 몸보다 더 빠른 속도로 움직일 수 있게 하며, 몸통의 회전 운동과 정확하게 일치되도록 한다.

스윙의 궤도와 반경에 조금 더 익숙해지면 팔과 클럽의 무게가 훨씬 가볍게 느껴진다. 한 손으로 몇 번 연습 스윙을 하다 보면 본능적으로 자연스러운 궤도를 발견한다.

동시성의 문제 1 – 클럽을 꽉 쥐면 클럽헤드의 감을 잃어버린다

제1법칙에서 설명했듯이 그립을 어떻게 잡느냐는 스윙의 질에 직접적인 영향을 미친다. 그러나 그냥 어떻게 잡느냐가 클럽헤드의 속도와 힘을 결정하는 것은 아니다. 어떤 압력으로 잡느냐가 중요하다.

우리는 스윙 중에 무의식적으로 끊임없이 클럽페이스의 위치를 의식하게 된다. 다행스럽게도 우리의 뇌로 전달되는 그립의 위치나 잡는 압력에 대한 중요한 정보는 거의 무의식적으로 전달된다.

▼ 캐스팅 – 클럽을 너무 꽉 쥔 결과.

그런데 그립을 너무 꽉 쥐게 되면 클럽헤드와 뇌 사이의 정보소통 경로가 차단된다. 이로 인해 스윙 중에 클럽헤드의 무게를 감지하고 느끼는 능력이 줄어들어 임팩트 시에 스윙 속도와 힘, 정확성이 떨어진다.

이런 오류를 '캐스팅casting'이라고 하는데 이는 낚싯대를 던지는 동작과 비슷하기 때문이다. 힘이 잔뜩 들어간 손과 팔은 백스윙 탑에서부터 클럽을 몸으로부터 먼 방향으로 부자연스럽게 넓은 궤도를 그리며 밀어 낸다. 이렇게 되면 좋은 스윙을 위해 필요한 관절의 지렛대 효과는 사라진다. 팔과 손과 손목은 탄력을 잃고 클럽의 스윙 무게를 유연하게 증가시킬 기회는 사라진다. 이 경우 다운스윙이 진행되면 클럽헤드가 두 손보다 앞서서 떠오르는 위치에 이를 정도로 스윙 궤도는 커진다. 그 결과 타격은 언제나 볼 뒤에서 이루어진다. 이와 같은 캐스팅의 또 다른 특징은 임팩트 시에 스핀을 만들어 내기 위한 다운 블로우가 이루어지지 않는다는 것이다. 제대로 된 디봇이 아니라 흉한 자국만이 볼 뒤에 남는다.

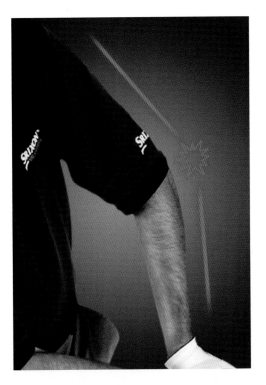

▲ 구부러지고 잘못 펴진 왼팔 – 긴장과 캐스팅의 결과

해결 방법
– 조종하려는 마음을 접어야 한다.

캐스팅의 가장 일반적인 원인은 스윙 중에 클럽을 조종하려는 욕구가 강하기 때문이다. 흥미롭게도 이런 문제로 고통 받는 사람들은 대개 사적인 일이나 업무에서도 자신의 통제력을 많이 발휘하려는 사람이라고 한다. 이들이 편안한 마음으로 클럽헤드가 제 역할을 하도록 믿는 것은 자신의 운명을 다른 사람들에게 맡겨 놓는 것처럼 부자연스럽다.

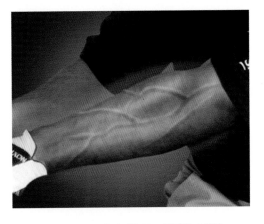

▲ 왼손 그립과 팔뚝의 긴장은 골프 클럽을 스윙하고 잡아당기는 것을 어렵게 한다.

연습 훈련: 채찍 연습

지금까지 그립을 너무 꽉 쥐는 것에 익숙해 있었다면 이 연습은 클럽헤드의 감을 되살리기에 도움이 될 것이다. 스윙에 대한 통제력이 조금 약해진다는 느낌이 들겠지만 이것은 매우 좋은 결과를 줄 것이다. 이 연습은 스윙 시 클럽의 무게감을 느끼게 해 주며, 완력이 아니라 스윙의 가속도로 강한 힘을 만들어 낼 수 있게 한다. 3/4 스윙으로 하면서, 얻는 느낌에 집중하도록 한다.

보통의 어드레스 자세에서 손은 백스윙으로 출발하면서 그 순간 클럽헤드는 잠시 볼 뒤에 그대로 남겨둔다. 아주 짧고 작은 순간이지만 나는 이것을 '비동적 지체undynamic lag'라고 부른다. 클럽헤드는 손과 몸의 백스윙을 따라 결국 백스윙 궤도로 움직인다. 이와 비슷하게, 다운스윙 시에는 그립을 부드럽게 잡고 클럽은 몸의 회전과 손보다 나중에 따라오도록 해 보라. 이제 채찍을 사용하는 것처럼 지렛대 효과를 통해 스윙의 힘을 만든다. 나는 이를 '동적 지체dynamic lag'라 부른다.

완벽한 스윙 소리를 들어라

클럽을 조종하려고 하지 말고 그냥 자유롭게 몸의 움직임에 따라 회전하면 스윙은 획 하는 소리를 낸다는 것을 기억하라. 그립을 너무 꽉 쥐면 다운스윙 시에 이런 소리를 내는 것은 거의 불가능하고 대신 낮게 윙윙거리는 소리를 듣거나 아예 아무 소리도 나지 않을 수도 있다. 볼 없이 그냥 연습 스윙을 하면서 스윙 소리를 들어보기 바란다. 아무 소리도 안 들린다면 더 분발해야 한다.

동시성의 문제 2 – 좁고 파괴적이며 통제 불가

캐스팅의 반대 문제가 발생할 수도 있다. 그립이 너무 느슨하고 팔 근육이 너무 풀리면 다운스윙 궤도의 반경이 너무 좁아져 디봇 형태나 거리 조절, 탄도가 일정하지 않게 된다. 이런 유형의 다운

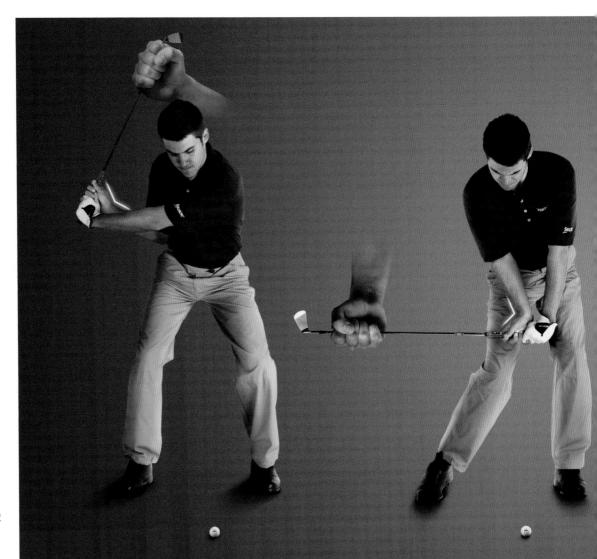

스윙은 임팩트에 이르렀을 때 클럽헤드에 대한 통제력을 너무 잃어버린 것을 의미한다.

임팩트 지역을 지나면서 손목 힘을 골고루 풀어줘야 하는데, 반경이 좁은 다운스윙에서는 힘을 종종 폭발적이고 난폭하게 풀게 된다. 나는 이것을 절벽의 오솔길을 따라 뛰어 내려오는 것으로 비유한다. 다운스윙 시작까지만 해도 아무 문제없이 잘 시작하였지만 급격히 내려오는 스윙 속도는 점점 가속화되어 임팩트 지역에 이르러서 결국 미친 듯이 폭발시키고는 장렬히 전사하고 마는 꼴이된다. 이런 좁은 스윙의 경우 클럽과 손과 팔은 임팩트 지역에 도달함에 따라 몸에서 분리되어 완전히 따로 노는 느낌을 받는다.

▼ 좁고 폭발적이며 타이밍이 안 맞는 샷.

핵심은 임팩트뿐만 아니라 다운스윙 내내 골고루 손목의 코킹을 풀어주는 것이다. 만일 다운스윙의 초기에 손을 너무 고정하면 임팩트 시에 모두 풀어줄 수밖에 없어서 거리를 조절할 수 없거나 방향을 통제할 수 없는 샷을 날리게 된다.

▼ 고정했다가 다시 고정하기. 클럽을 깃털처럼 다루기.

해결 방법 – 클럽을 깃털처럼 다루어라

다음 연습의 목표는 두 가지이다. 먼저 클럽 샤프트에 활기를 불어넣어 클럽이 몸의 중심보다 빠른 속도로 움직이게 하는 것이다. 두 번째로 스윙 타이밍을 측정할 수 있는 세 가지 점검 요소를 제공한다. 어드레스에서 시작하여 손목이 완전히 자리를 잡을 때까지 백스윙을 하고 임팩트에서 손목을 풀어준 다음 팔로스루에서 다시 손목이 제자리를 잡도록 한다. 이 동작 중에 유의할 사항은 스윙 중에 클럽이 깃털처럼 가볍게 느껴져야 한다는 것이다.

연습훈련 : 고정했다가 다시 고정하기

7~8번 아이언을 잡고 비교적 작은 스윙을 몇 번 한다. 이때 몸은 그다지 큰 움직임 없이 중심만을 잘 잡고 있는 상태에서 클럽헤드가 몸을 따라 도는 느낌을 받도록 하라. 이 느낌에 익숙해지면 티에 볼을 놓고 같은 방식으로 볼을 쳐보고 그냥 바닥에 놓고도 쳐보라.

다음 세 가지 현상이 일어나면 이 연습이 잘 수행되는 것을 알 수 있다.

- 디봇이 예쁘고 얕게 생긴다.

- 관통하듯이 힘 있는 타구를 만들어 낸다. 손과 팔의 동작인데도 거리는 충분히 난다.

- 스윙이 처음부터 끝까지 깔끔해진다. 시작해서 끌어 올리고 끝낼 때까지 하나의 움직임처럼 된다.

되감기
– 빠르고 효율적인 팔 동작의 결과

스윙에 힘이 부족하다면 피니시 이후에 클럽을 몸 앞으로 다시 가져오는 동작이 답일 수도 있다. 다운 스윙에서 팔이 몸보다 너무 뒤처지는지는 팔로스루의 모양과 느낌으로 알 수 있다.

이런 경우의 팔로스루는 몸의 다른 부분의 속도에 비해 느리게 움직이는 것처럼 보인다. 팔의 움직임은 다운스윙을 지나 팔로스루까지 느리게 가는 느낌을 준다. 이것은 정확한 타격을 어렵게 하고 방향성이 흐트러지는 문제점을 낳는다. 하지만 이미지에서처럼 몸 앞에서 클럽을 다시 되감는 동작을 취하면 다운스윙과의 균형을 향상시켜 문제점을 해결할 수 있다.

되감기: 첫 번째 혜택

되감기를 정확히 하였는지는 두 팔과 클럽이 팔로스루를 끝내자마자 몸 앞쪽으로 다시 튀어 나오는지 확인하면 알 수 있다. 되감기가 주는 첫 번째 혜택은 그것이 이끌어 내는 스피드이다. 빠른 스피드를 가진 클럽은 느린 스피드보다 더 나은 효율을 보이기 때문이다. 빠른 속도로 움직이면 움직일수록 클럽은 더 많은 관성과 운동량이 필요할 것이며, 스피드가 빠를수록 경로를 유지한다. 클럽 되감기는 '스윙 중에 클럽헤드는 몸과 동시성을 유지하기 위해 몸보다 더 빨리 움직여야 한다'라는 제4법칙의 기본 개념과도 통한다.

▲ 되감기. 훌륭한 스윙의 결과.

되감기 : 두 번째 혜택

되감기는 다운스윙과 팔로스루 중 몸동작이 좋은지 나쁜지 가늠하는 척도가 된다. 척추의 기울기는 처음부터 끝까지 어드레스 시에 설정된 기울기로 변하지 않고 유지되어야 하며, 되감기를 끝낸 자세는 그것을 얼마나 잘 수행했느냐를 말해 준다.

몸동작을 연습할 때에는 위의 두 번째 되감기 이미지를 그대로 따라하기 바란다. 볼을 타격하고 팔로스루를 하고 나서 클럽을 몸 앞으로 다시 가져올 때에 척추는 동일한 기울기를 유지하도록 한다. 클럽이 척추와 같은 정도의 기울기를 보인다면 몸은 스윙 중 자세를 잘 유지한 것이다.

연습훈련 : 완전 되감기

제1법칙의 짧게 잡는 엄지손가락 그립에 유의하면서 그립의 압력은 손가락 모두에 균등하게 한다. 절제된 동작으로 클럽헤드를 웨글waggle(약간 흔들기)해 본다. 이때 몸은 고정시키고 손은 배꼽 앞에 두고 유지한다. 클럽헤드를 몸보다 더 빨리 움직여야 함을 기억하라.

클럽헤드를 웨글할 때 얻은 느낌으로 스윙한다. 다운스윙과 팔로스루를 지나서도 같은 속도를 그대로 유지하고 피니시 후에 그 반동을 이용해 클럽이 다시 몸 앞쪽으로 돌아오도록 한다.

스윙 동시성

다음 쪽의 이미지는 타이밍이 좋은 스윙에서 클럽과 몸은 어떠해야 하는지를 정확히 보여준다. 그것은 또한 몸과 클럽헤드의 시기별 위치를 확인할 수 있도록 한다. 스윙은 언제나 비디오 카메라를 이용하여 점검하는 것이 좋다.

변함없고 즐거운 스윙을 만들기 위해서는 클럽에서부터 시작하여 여러 주요 점검 포인트가 필요할 것이다. 이 이미지는 클럽이 몸을 따라서 감겼다가 다시 자리를 잡는 과정이 완벽한 좌우 대칭으로 일어나고 있음을 보여주고 있다. 몸과 다르게 색칠한 부분을 잘 보기 바란다. 클럽은 몸통에 비해 긴 거리를 빠르게 이동하며 상체가 너무 일찍 회전하지 않도록 하고 있다.

◀ 되감기의 혜택 중 하나는 스윙의 핵심 점검 포인트를 제공한다는 것이다.

요약

언제 무엇을 해야 하는지 분명하지 않다면 엉망이 될 수 있다는 점에서 골프와 춤은 매우 비슷하다. 다행히도 나는 아직까지 누구도 구제 불능이라고 느낀 적이 없다. 올바른 연습으로 잘 가다듬으면 된다. 꼭 타고 나야 하는 것은 아니다.

매우 독특한 자신만의 스윙 동작을 가지고 있지만 연습을 통해 볼을 잘 쳐내는 사람들이 그 사실을 입증한다. 그들은 어떻게 해낸 것일까? 수많은 시도와 실패를 통해 임팩트에서 몸과 클럽을 정확하게 일치시키게 된 것이다.

사람들은 누구나 좋은 타이밍과 완벽한 리듬을 갈구한다. 제4법칙에서는 스윙의 '왜'와 '언제'를 이해하기 위한 기술적인 부분을 살펴보았다. 리듬은 전반적으로 스윙을 구성하는 여러 부분들을 부드럽게 연결하는 기술이다. 한편 템포는 본인이 원하는 스피드이며 일반적으로 개개인의 기질과

성격에 따라 결정된다.

이 책은 유지 관리가 덜 필요한 스윙을 알려주기 위해 고안되었다. 테크닉과 타이밍이 부족한 사람들은 다른 사람보다 두 배는 열심히 연습해야 한다. 종종 자신의 스윙을 비디오로 찍고 이 장에서 소개된 연습을 계속 하다 보면 조금씩 변해가는 모습을 발견할 수 있을 것이다. 스윙 중 특정 자세의 문제로 고민하는 사람들은 스윙의 동시성을 먼저 점검한다면 놀라운 결과를 얻게 될 것이다. 셋업이 올바름에도 불구하고 너무 의욕적인 몸동작으로 백스윙과 다운스윙에서 클럽의 위치가 잘못되는 경우는 무려 80%에 달한다.

구제 불능이라는 말을 들어 온 골퍼라면 이번이야말로 다시 시도해야 할 것이다. 정확한 정보와 실패를 두려워하지 않는 연습은 좋은 타이밍과 테크닉의 조합을 가능하게 한다. 제4법칙을 통과하면서 이제 스윙의 전반적인 타이밍을 습득했고 제대로 된 모양새를 갖추기 시작했다. 이제 연결되는 이야기는 '제5법칙 스윙의 단면 – 어드레스로부터 임팩트에 이르는 최단 경로'이다.

▼ 훌륭한 스윙의 동시성.

LAW 5

제5법칙

스윙의 단면
Swing Plane

어드레스로부터 임팩트에 이르는 최단 경로

머리말

이상적인 스윙 단면이 무엇인가는 다른 어떤 스윙 이론보다도 코치와 선수들 사이에서 많은 논쟁을 불러 일으켰을 것이다. 하지만 좋은 스윙 단면이란 배우기 쉽고 유지하기 쉬워야 한다.

인간이 취할 수 있는 어드레스 자세는 수 없이 많으므로 스윙 모습 역시 천차만별이다. 게다가 클럽별 스윙 방법도 수없이 많다는 점을 감안하면 스윙 단면을 정의하기란 얼마나 애매한 것인지 이해할 수 있다.

문제는 비디오 카메라로 찍어보지 않는 한 자신의 스윙 단면과 모양을 확인하는 것은 불가능하다는 것이다. 스윙의 다른 부분들도 마찬가지 아니냐고 할 수 있고 실제로 어느 정도 그렇긴 하다. 하지만 스윙 단면을 스스로 확인하는 것은 몸통 주위를 매우 빠른 속도로 회전하는 클럽헤드의 궤적을 추적하는 것이어서 맨눈으로는 더욱 더 어려워진다.

"최고의 선수는 스윙에 대한 상상과 느낌 사이의 중요한 관계를 잘 알고 있다."

몇몇의 골퍼에게 '스윙 단면'에 대해 설명하고 정의해 보라고 했더니 거의 대부분이 스윙 중 팔이나 클럽 샤프트의 위치에 대해 언급하였다. 극소수만이 몸의 중심축에 대해 언급하였는데, 사실 스윙 단면을 만들어내는 핵심은 척추를 중심으로 하는 몸통의 꼬임에 있다. 셋업에서 몸이 만드는 단면들—엉덩이, 무릎, 어깨—은 스윙 논란과 이론에서 흔히 간과되는 사항이다.

척추를 중심으로 한다는 점에서 스윙 단면은 다이얼식 자물쇠와도 비슷하다. 클럽, 상체, 하체의 단면들이 자물쇠처럼 잘 정렬되어 있다면 볼을 멀리 정확하게 쳐낼 수 있는 길은 비교적 쉽게 열릴 것이다. 하지만 어느 하나의 단면이라도 정렬되지 않았다면 스윙은 도중에 보상 동작을 할 수밖에 없을 것이며 볼에게 다가가는 길은 복잡해진다.

이 장에 더 들어가기 앞서, 다음에 소개되는 이미지들은 당신에게 맞는 완벽한 스윙 단면이 아닐 수 있으며 단지 소개된 모델에게 맞는 스윙 단면일 수 있다. 물론 이 이미지들이 정확한 스윙 단면을 만들어 내는 기준이 된다는 점은 사실이다. 물론 여기에서 의도하는 바는 스윙 연습을 하는 우리 모두의 마음을 단숨에 사로잡을 만큼 명쾌한 이미지이다. 최고의 선수들은 스윙에 대한 상상과 감(느낌) 사이의 중요한 관계를 잘 알고 있다. 초보자들도 몸의 움직임과 감이 연결되어 있다는 것을 알 수 있지만 안타깝게도 괜히 어렵기만 한 전문 용어가 그 길을 가로막고 있다. 이제 여기서 그 길을 열어 주려고 한다.

Q : 스윙 단면이란 무엇인가?

A : 어드레스로부터 임팩트에 이르는 가장 효과적인 최단 경로

가장 효과적인 스윙 단면은 스윙 중에 클럽을 변함없이 목표선상과 일치시키면서 가장 최단의 경로로 움직이게 하는 단면이다. 제2법칙에서 설명된 바와 같이 어드레스를 취하여 자세를 잡고 나면, 당신만의 스윙 단면들은 이미 결정된 셈이다. 일단 셋업에서 단면이 결정되고 나면 그 단면을 그대로 유지한 채 나머지 동작을 수행하는 것이 스윙의 역할이다. 스윙은 그저 원 운동일 뿐이라고 생각하라.

스윙 단면과 클럽의 관계는 열차와 철로의 관계와 비슷하다고 할 수 있다. 철로(스윙 단면)는 불변이며 그 궤도는 어드레스에서 만들어진다. 열차(클럽)가 해야 할 일은 철로를 따라 빠르고 효과적으로 목적지(볼)에 도착하는 것이다. 하지만 때로는 열차가 탈선할 수도 있고 급기야는 충돌을 일으킬 수도 있다. 철로로부터 열차가 멀어지면 멀어질수록 철로로 돌아오기 어려워진다. 간혹 운이 좋아 목적지에서 만날 수도 있지만 대부분의 경우 목적지를 비켜 지나간다.

"스윙이란 단지 원 운동일 뿐이다."

이번 법칙에서 보이는 이미지들은 철로뿐만 아니라 클럽과 몸, 팔에 대한 이해를 도울 것이다. 그 이미지들을 마음속에 잘 간직하고 오늘도 '스윙이란 그저 원 운동일 뿐이다'라는 점을 기억하기 바란다.

스윙은 언제나 이상적인 단면을 찾으려고 한다

머리말에서 언급한 것처럼, 스윙 단면의 좋고 나쁨은 어드레스 시에 몸이 만드는 기울기에 따라 결정된다고 하겠다. 올바른 단면이란 곧 좋은 균형을 말하는데, 균형을 잘 잡기 위해서는 셋업 단계에서 몇 가지 원칙이 필요하다.

어드레스 시에 볼과 너무 멀리 서면 스윙은 더 편한 스윙 경로를 찾아 자동 조정되어 클럽의 토우 toe에 볼을 맞출 확률이 높아진다. 반대로, 볼에 너무 가까이 서면 스윙은 자동적으로 이상적인 경로를 찾게 되어 클럽페이스가 열린 상태로 임팩트에 접근하게 되고 그로 인해 클럽의 힐heel 쪽에 볼이 맞거나 더 심하면 생크shank가 나오기도 한다.

스윙 단면이 하나이면 일관성이 좋다는 것

같은 단면과 궤적으로 스윙이 올라갔다가 내려온다면 당연히 강하고도 정확하게 볼을 타격할 수 있다. 하지만 아무리 뛰어난 스윙이라 해도 백스윙과 다운스윙 사이에는 아주 미묘하고도 부드러운 방향의 변화가 있다. 아주 자연스런 단면의 이동이 생기는 것이다. 여기서의 이동이란 몸이 만드는 모든 단면에 해당하는 것으로, 무릎과 엉덩이, 어깨와 팔, 그리고 손과 손목이 만드는 단면까지도 포함된다. 힘차고 훌륭한 스윙은 백스윙에서 다운스윙으로 전환될 때 약간 가라앉는 듯한 현상을 보인다. 이런 단면의 이동은 지극히 자연스러운 것으로 다른 운동에서도 나타난다. 격투기의 앞차기는 먼저 지지하는 다리를 구부려 바닥으로부터 힘을 모은 다음 차 올려 힘을 낼 수 있다. 테니스 선수는 일단 무릎을 굽혀야 뛰어 오르면서 강한 서브를 날릴 수 있다.

백스윙을 시작하면 몸은 본능적으로 힘을 모으기 위해 무게 중심을 낮춘다. 바로 이 단계에서 스윙 단면의 변화가 생긴다. 이 변화로 인해 모든 단면들은 어드레스 시보다 얕고 평평하게 되어 다운스윙은 볼을 향해 더 누운 각도로 이루어진다. 이에 대해서는 제3법칙과 제6법칙에서 더 상세하게 설명된다.

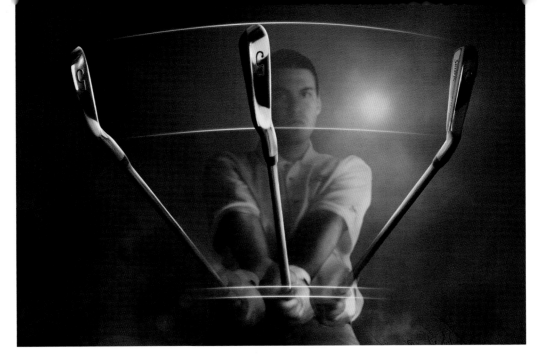

▲ 궤도 초기의 작은 원호.

초기 단면 – 스윙에서 가장 중요한 30센티미터

스윙이 올바른 길로부터 벗어났다면 그것은 백스윙의 첫 단계에서부터 잘못 시작되었을 가능성이 높다. 이 초기 단면은 볼이 목표를 향해 나아가는 엄청난 움직임과는 많은 차이가 있다. 임팩트 구간은 클럽헤드가 지나가는 궤도의 아주 작은 일부에 불과하기 때문이다. 이 구간에서 손과 클럽페이스의 관계는 어드레스할 때의 모습과 똑같이 유지되어야 한다. 이 구간에서 손의 움직임은 자신의 뇌가 미처 알아차리지 못할 정도로 미세해야 한다. 이때 그리는 안쪽으로의 작은 회전은 위에서 내려다 봤을 때 왼팔이 시계방향으로 약간 회전한 결과로 생긴 것이다. 왼팔이 이렇게 회전함에 따라 클럽페이스도 궤도와 평행을 유지하기 위해 약간 회전한다.

클럽이 만드는 이 최초의 30센티미터 움직임은 옳은 스윙을 위해 매우 중요하다. 너무 일찍 클럽헤드를 들어 올리지 않기 위해서는 다음의 두 가지 테이크어웨이 상의 문제에 유의해야 한다.

스윙 단면의 결함 1 – 감는 테이크어웨이
테이크어웨이를 시작하면서 손과 손목을 과도하게 몸으로부터 멀리 바깥쪽으로 감아 꺾으면 손이 골반 높이에 왔을 때 클럽헤드는 이미 손보다 너무 몸 뒤쪽에 위치한다. 이로 인해 클럽헤드는 목표 라인으로부터 크게 벗어난다.
이런 동작은 주로 강한 그립(오른쪽으로 돌려 잡는 그립)에서 나타난다. 제1법칙에서 설명했듯이 좋은 그립은 두 손이 음과 양의 관계처럼 균형 있게 맞물리는 것이다. 그러나 이 경우에 강한 그립으로 인해 일체감과 균형이 모두 달아나 버렸다. 이 경우에는 우선 그립을 교정해야 한다. 두 손이 클럽에 조화롭게 맞물려야만 일체감 있는 테이크어웨이를 시현할 수 있다.

이렇게 '감는 테이크어웨이'는 불필요한 보상 동작을 하게 만든다. 예를 들어, 클럽이 20도 정도 벗어났다면 스윙 중 언젠가는 그 20도를 다시 되돌려 놓아야 제대로 클럽페이스에 볼을 맞출 수 있다. 그러나 임팩트에 도달할 때쯤 시속 75마일 이상의 속도로 움직이는 클럽을 그렇게 조절한다는 것은 거의 불가능하다.

스윙 단면의 결함 2 – 안쪽으로 끌어당기는 것

'감는 테이크어웨이'와는 반대로 클럽헤드를 몸 쪽으로 끌어당기는 것으로, 대개 클럽의 버트 butt(클럽 손잡이 쪽 끝부분)가 먼저 움직이는 경우이다. 이 경우에는 대개 클럽페이스가 덮이거나 닫히게 된다. 만약 이 사람의 그립 안쪽을 보면 아마도 클럽이 손바닥에 너무 약하게 쥐어져서 클럽에 대한 통제력이라곤 찾아 볼 수 없을 것이다. 결과적으로 클럽은 몸의 회전에 끌려 나가며 볼과 목표를 잇는 선보다 훨씬 안쪽을 지난다. 다운스윙에서 클럽을 올바른 단면에 되돌려 놓기 위해서 급작스럽고도 과도한 보상 동작을 취하게 된다. 이는 가파른 스윙 단면과 목표선상에서 벗어난 힘없는 샷을 만들어 낸다.

기억할 것 : 클럽헤드는 '수동적으로 시작해서 수동적으로 끝나야' 한다.

클럽헤드는 어드레스에서 목표선상에 위치하고 클럽버트는 스윙 중에 그 목표선을 지난다

어드레스에서는 클럽헤드가 볼 뒤에 놓여 목표선상에 위치한다. 그러나 일단 스윙이 시작되어 임팩트 위치에 돌아오기까지는 클럽 버트가 목표선상을 가리킨다. 볼을 타격하고 난 후 버트는 다시 한 번 목표선을 가리킨다.

클럽의 스윙 단면은 어드레스 시에 놓인 그 클럽의 라이 각에 의해 결정되지만 클럽이 그 기울기로 스윙되는 것은 아니다. 많은 사람들이 어드레스 시의 클럽 샤프트 기울기가 스윙 내내 유지되어야 하는 것으로 잘못 알고 있다. 그러나 이것은 매우 불편하고 얕은 백스윙을 낳는다.

실제로 클럽 샤프트는 어드레스 시의 단면과 다르기는 하지만 그와 평행한 단면을 따라 스윙되어야 한다. 다만 임팩트에서만 원래 단면과 다시 만나게 될 뿐이다. 팔을 들어 뒤쪽으로 테이크어웨이하면 클럽은 원래 어드레스에서 만들었던 기울기보다 가파른 각의 단면을 따라 올라간다. 다음 쪽의 이미지에서 볼 수 있듯이 클럽 버트는 테이크어웨이 처음 몇 센티미터를 지난 후부터는 백스윙 내내 목표선상을 가리키게 된다. 이것이 탑 플레이어들의 클럽이 백스윙 탑에서 언제나 약간 누운 듯한 위치에 있는 이유다. 이것은 클럽 버트를 백스윙 내내 목표선상에 일치시킨 결과이다.

스윙 단면 '불의 선'

볼과 목표를 잇는 연장선 후방으로 바닥에 몇 개의 클럽을 놓으면 백스윙 시에 만들어져야 할 스윙 단면을 쉽게 연습할 수 있다. 이 이미지에서는 클럽 버트가 지나는 정확한 길을 보여준다. 여기에는 백스윙 단면을 점검할 수 있는 세 가지 중요 포인트가 있다.

최초 단면
최초 단면이란 백스윙을 시작해서 최초 30센티미터 동안 클럽이 움직이며 만드는 단면을 말한다 (106쪽 참조). 이때 클럽헤드는 가장 수동적인 상태에 있다. 이 초기 단계에서는 클럽헤드와 손의 자연스런 결합 상태를 그대로 유지시키는 것이 중요하다. 클럽헤드를 감거나 비틀거나 들어 올리거나 끌어서는 안 된다. 이 초기 움직임에서는 볼의 후방으로 약간 안쪽 궤도가 만들어지고 클럽페이스는 궤도와 직각으로 유지하기 위해 왼쪽 팔뚝의 미묘한 회전만이 일어난다. 스윙에서 이 부분은 정확한 경로에서 클럽을 시작하는 것이 전부이다. 클럽헤드의 수동적인 움직임이 최초 단면을 마스터하기 위한 핵심사항이다.

중간 단면
손과 팔 그리고 클럽 샤프트가 중간 단면에 이르렀을 때 확인해야 할 세 가지 요소는 다음과 같다.

- 볼을 내려다봤을 때 왼팔은 발끝 선과 평행이거나 약간 안쪽에 있어야 한다. 왼팔이 발끝선의 바깥쪽 또는 너무 안쪽에 있을 경우 팔과 몸의 동작을 함께 하기 어렵다.

- 클럽 버트는 볼과 목표를 잇는 선상을 가리키고 있어야 한다. 이 자세가 잘 되었는지를 확인하려면 클럽 버트 끝에 긴 연필을 꽂아 두고 백스윙을 반만 해 본다. 연필이 목표 선을 가리키면 자세는 잘 만들어진 것이며 몸을 틀어 스윙을 완성하기 위한 정확한 위치에 있는 것이다.

- 클럽페이스의 리딩 엣지는 샤프트와 평행을 이루어야 하며, 이는 스윙 단면에 잘 일치해 있음을 나타낸다.

▼ 스윙의 중간 단면 – 동시성과 함께 궤도상에 위치.

완료 단면

중간 단면으로부터 백스윙을 더 진행하면 클럽 버트는 볼과 목표를 잇는 연장선상을 계속 가리키게 되어 정확한 스윙 단면이 완성되었음을 알 수 있다. 백스윙 시 단면이 잘 지켜졌는지를 확인하려면 백스윙 탑에 도달하기 직전에 멈추어서 버트가 향하는 방향을 보기 바란다. 클럽 버트는 여전히 볼과 목표의 연장선상을 가리키고 있어야 한다.

왼쪽 팔뚝은 중간 단면에서 백스윙 탑에 이르는 동안 부드럽게 회전하는데, 이 미묘한 회전 동안 리딩 엣지는 스윙 단면과 평행으로 유지되어야 하고 팔이 만드는 단면도 그대로 유지되어야 한다.

▼ 클럽페이스는 팔이 이루는 단면과 일치한다.　　　　　　　　균형 잡힌 팔의 단면. ▼

클럽을 목표선상에 계속 일치시키는 것은 매우 중요하다. 스윙이 최대의 효율을 내기 위해서는 목표선상과 계속 연계되면서 최단의 경로를 따라 움직여야 한다. 그렇기 때문에 최초 단면이 매우 중요한 것이다. 수 없이 많은 참고 서적들이 백스윙의 최초 30센티미터의 중요성에 대한 언급을 하고 있는 이유는 그것이 만들어 내는 연쇄 작용—그 작용이 좋든 나쁘든—때문이다. 이 초기 단계에 있어 당신의 목표는 가능한 한 최대한 수동적으로 가져가서, 억지로 뭔가를 만들려고 하지 않는 것이다.

◀ 완료 단면 – 클럽 버트 끝과 목표 선은 언제나 함께 한다.

몸이 만드는 단면

지금까지 순서대로 이 책을 읽어 왔다면 스윙 중에 몸 ─ 특히 가슴과 몸통 ─ 이 수행하는 기능의 중요성을 이해했을 것이다. 예전의 스윙 단면에 대한 교습 이론들은 주로 손과 팔 그리고 클럽 샤프트의 역할에 대해 집중적으로 조명하였으나 그렇다고 해서 몸동작에 관한 사항을 회피한 것은 아니다. 척추의 축을 따라 몸을 비틀면 환상적인 골프가 만들어진다. 그러나 상체가 위아래로 흔들려서 어드레스에서 만들어진 척추의 각이 흐트러진다면 다른 수정 동작 없이 클럽을 스윙 단면에 유지하는 것은 거의 불가능해진다.

백스윙에서 몸이 만드는 단면

백스윙 시에 몸의 역할은 두 가지가 있다. 먼저, 비틀림과 항력 그리고 힘을 만들어 내기 위해 다리로 바닥을 지탱하면서 몸을 뒤트는 것이다. 두 번째로, 백스윙 중에 몸의 자세를 능률적으로 유지함으로써 어드레스 시에 정한 주요 요소들을 유지하는 것이다.

제3법칙에서는 견고하되 활동적인 상체의 기반을 어떻게 만들 것인가에 대해 설명했다. 다리와 엉덩이는 어깨가 척추를 따라 90도로 회전할 수 있는 기반을 제공한다. 이 동작은 그 느낌이 처음에는 조금 어색하므로 거울 앞에서 해 보는 것이 가장 좋다.

다운스윙에서 몸이 만드는 단면

앞서 말한 바와 같이 백스윙과 다운스윙 사이에 약간 가라앉는 듯한 움직임은 스피드와 힘을 만들어 낼 수 있는 보다 확고한 기반을 제공하려는 몸의 자연스러운 동작이다.

이런 미묘한 가라앉음이 일어나면 몸이 만드는 단면에도 아주 조금 변화가 생기게 된다. 클럽 샤프트가 만드는 단면이 조금 평평해지지만 여전히 최초 백스윙 단면과는 평행 상태로 유지된다. 실상 몸이 만드는 모든 단면들은 이때 조금씩 변하게 된다. 하지만 모두 백스윙 시의 단면에 평행인 상태를 유지한다. 프로 선수들의 경기 장면을 보면, 그들의 디봇이 아마추어들과는 달리 땅에서 얇게 떠내는 디봇 조각임을 알 수 있다. 이것은 몸이 만드는 단면들이 스윙 내내 일정하게 유지되어서 가능한 것이다.

몸과 클럽이 이루는 단면. ▶

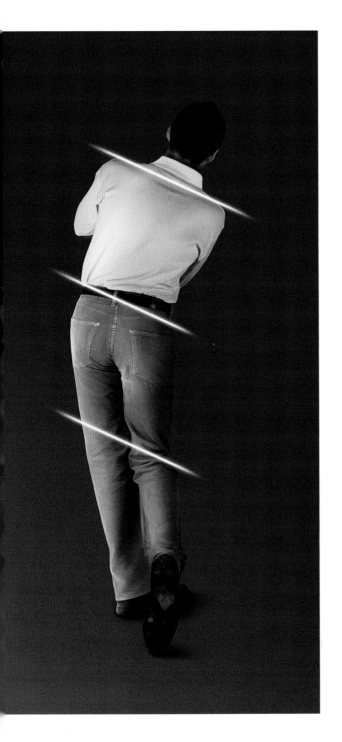

스윙은 연쇄 반응이며, 백스윙의 핵심 단계에서 일어나는 일들의 대부분은 바로 전 동작의 결과이다. 다운스윙 시의 단면도 역시 마찬가지이다. 다음 동작을 위한 좋은 셋업 자세가 만들어질 수 있다면, 본능적인 다운스윙을 위한 준비가 되어 있는 셈이다.

힌트 : 단면을 평평하게 만들기 위해서는 발보다 높은 위치에 있는 볼을 쳐본다

다운스윙 시의 단면을 얕게 만드는 데에 어려움을 겪고 있다면, 미들 아이언으로 볼이 발보다 높이 있는 옆 경사 라인에서 스윙을 해 보라. 그 즉시 얕아진 단면을 만들고 유지하는 방법을 터득하게 될 것이다.

◀ 왼쪽에서 오른쪽으로 :
백스윙 시 몸이 만드는 단면 ;
단면이 낮아지고 평평해진다 ;
그 단면을 그대로 유지.

팔이 만드는 단면

최근 많은 코치들이 스윙 시 팔과 몸의 관계에 대해 강조하고 있다. 그러나 너무 지나치지는 말아야 할 것이다. 많은 사람들이 팔의 움직임을 너무 통제하지 않으려 하거나, 아니면 반대로 팔과 상체 간의 연결에 너무 신경 쓴 나머지, 팔은 상체에 고정되고 손은 주머니에 붙어버린 것처럼 스윙한다. 훌륭한 스윙이란 언제나 손과 팔 그리고 몸의 동작이 함께 잘 어우러져야 한다. 다음 이미지에서는 팔이 만드는 단면을 두 부분으로 분리했다.

백스윙 시 팔이 만드는 단면

백스윙에 들어갈 때 왼팔은 안쪽으로 약간 작은 궤도를 그린다. 어드레스 자세에서 12시 방향으로 클럽헤드를 내려다보면 단순히 2시 방향으로 팔과 클럽과 손을 그냥 움직이는 것이다. 이것은 왼쪽 팔뚝의 부드러운 시계방향 회전으로 만들어진다. 그 외에는 테이크어웨이의 시작단계에서 일어날 것이 없다. 사실 한 것이라고는 손과 팔 그리고 클럽헤드가 함께 묶여 있는 상태 그대로 오른발 끝 안쪽에 옮겨 놓았을 뿐이다.

팔이 엉덩이 높이에 이르렀을 때쯤이면 백스윙이 얼마나 잘 진행되고 있는지 알 수 있는 좋은 지표가 있다. 이 때 내려다보면 왼팔은 발끝을 연결한 가상의 선상 위에 위치해야 한다. 만일 왼팔이 가상의 선보다 약간 안쪽으로 들어오는 것은 그다지 문제가 되지 않는다. 아주 약간만 말이다. 그러나 그 선을 많이 벗어난다면 팔은 몸의 통제로부터 너무 벗어난 샷을 하게 될 위험이 있다. 그렇다면 클럽의 중간 단면을 확인해야 할 차례가 된다. 클럽 샤프트는 이때 볼과 목표 선상을 향하고 있어야 한다.

백스윙을 완성했을 때에 왼팔은 어깨부위를 거의 모두 덮고 있어야 한다. 이렇게 연결된 관계는 몸이 가장 풍부한 힘을 모은 상태로 만들어 준다. 먼저 완벽한 팔의 단면이 만들어졌고 그 상태에서 왼팔로부터 뻗어 나온 연장선은 정확하게 볼을 가리킬 것이다. 완벽한 단면은 스윙의 각 요소들이 하나의 공통선―볼과 목표를 잇는 선―에 맞추어질 때 만들어진다는 점을 기억하라.

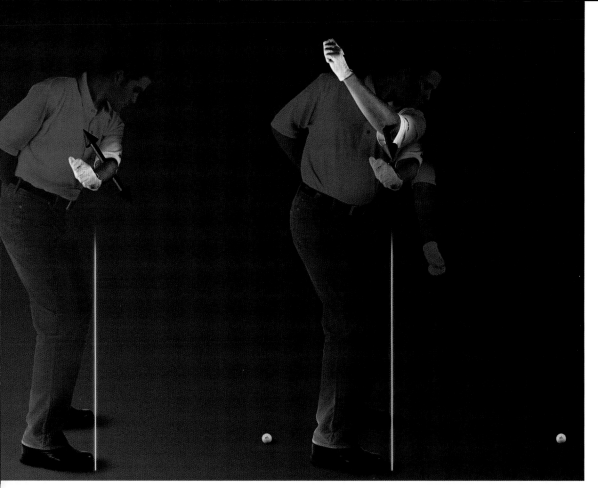

약간 안쪽의 궤도와 왼쪽 팔뚝의 회전. ▲

◀ 어깨의 단면에 위치한 왼팔.

두 번째로, 일단 왼팔이 어깨를 가리는 위치에 만들어지면 팔은 볼에게로 돌아갈 때 상체의 회전을 이용하여 만들어진 힘을 최대한 사용할 수 있게 된다. 만일 왼팔이 어깨의 단면보다 위나 아래로 흔들리게 되면 다운스윙에서 팔은 몸과 분리된 동작을 할 수밖에 없다.

다운스윙에서 팔이 만드는 단면

임팩트란 백스윙과 다운스윙을 통해서 마련된 모든 것들을 한꺼번에 표현하는 것이다. 아래 이미지에서 오른팔은 거의 쭉 펴진 상태로 볼을 향해 충분히 늘어져 있음을 보여준다. 다운스윙의 중간부분부터 임팩트까지는 눈으로 확인할 수 없다. 통제는 거의 불가능하고 전적으로 선행된 어드레스와 백스윙에 연결된 운명이다.

많은 사람들이 스윙 궤적을 스누커나 사격에서처럼 일직선으로 보곤 한다. 그 이유 때문에 수없이

많은 아마추어들이 백스윙이나 다운스윙에서 클럽헤드를 목표선상을 따라 가급적 직선으로 길게 가져가려고 한다. 하지만 이는 클럽헤드의 조작을 불러일으키게 되고 팔로스루에서 지나치게 길게 뻗는 현상을 낳는다. 그 어느 것도 좋은 임팩트에 도움이 된다고 볼 수 없다.

그림에서 보듯이 팔이 만드는 단면은 일단 볼을 타격하고 나면 안쪽 경로를 그리게 된다. 그리고 백스윙의 모양과 경로를 그대로 재현한다. 오른팔은 볼과 목표선상을 따라 가는 것이 아니라 궤도를 따라 가슴 위로 올라간다.

골프에서 유일한 직선은 목표와 볼을 잇는 선뿐이란 것을 기억하기 바란다. 클럽헤드는 어드레스 시와 임팩트 시의 아주 짧은 시간 동안만 그 선과 만날 뿐 곧바로 원운동 속으로 사라져 버린다. 정확성과 통제력을 더 얻겠다고 클럽헤드를 볼과 목표선상에 따라 스윙하려 들지 말아야 할 것이다.

마지막으로, 스윙의 끝부분에 도달했을 때까지도 척추의 기울기는 그대로 유지되며 오른팔은 어깨를 감싸게 된다. 이것은 백스윙 시에 팔이 만드는 단면을 그대로 복사한 것과 같다. 다운스윙 시의 기세로 인해 자연스럽게 증가된 상체의 회전력으로 팔이 움직여야 하는 거리가 조금 늘어났을 뿐 달라지는 것이라곤 아무것도 없다.

◀ 이 이미지에서 모래는 다운스윙과 임팩트를 지나는 동안 팔이 만드는 단면을 그리고 있다.

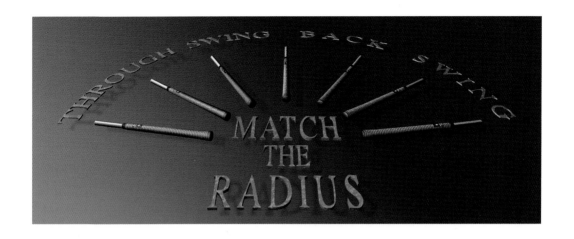

반경을 유지하라

이 이미지는 스윙 중에 그립이 움직이는 궤도를 보여주고 있다. 여기서 볼 수 있듯이 폭이나 궤도의 변화는 거의 없다. 균형—전반적인 동작과 모양새 그리고 속도와 반경의 균형—은 좋은 스윙에서 가장 중요한 요소임을 알 수 있다.

이런 자연스러운 스윙 반경이 방해를 받거나 과장될 때 문제는 발생된다. 지나치게 넓은 백스윙은 임팩트에서 클럽이 몸 쪽에 붙는 다운스윙을 만들어 낼 수밖에 없다. 반대로, 몸 쪽에 너무 가까운 반경의 백스윙은 다운스윙에서 클럽이 본능적으로 옳은 반경을 되찾으려 하기 때문에 먼 궤도를 그리게 된다.

좌우 대칭인 스윙을 마음속에 그려 보라. 좋은 스윙은 완벽하게 좌우 대칭인 타원형 곡선들로 이루어져 있다. 백스윙과 임팩트에 이르는 동안 손과 팔 그리고 클럽은 이 궤도들을 따라 움직인다. 스윙 중에 직선 구간이 존재한다는 생각은 지금 당장 지워버려라.

스윙 반경의 유지
몸의 동작만으로 스윙이 만들어진다는 것은 잘못된 생각이다. 몸통이 물론 핵심 요소이기는 하지만 어느 정도 팔의 독립성은 좋은 스윙을 만들어 내기 위해 꼭 필요한 것이다. 팔의 중요한 역할 중하나는 적절한 반경을 유지하는 것이다. 여기서 '적절한'이라고 한 이유는 스윙의 모든 개별 요소는 다소 과장될 가능성이 있기 때문이다. 스윙의 반경은 너무 넓거나 너무 좁지 않은 것이 이상적이다. 팔이 만들어 내야 할 효과에 대해서는 다음 쪽 이미지에 잘 설명되어 있다.

오른팔의 접힘

백스윙 초기 단계와 초기 팔로스루에서 팔은 몸에 바짝 밀착된다. 하지만 그렇다고 해서 상체에 팔이 들러붙듯이 고정되어 있다는 것은 아니다. 그보다는 팔이 이 구간에서는 몸통에 접근하여 유연하게 경첩처럼 움직인다는 것이다. 이 이미지는 칩샷이나 피치샷을 할 때 몸의 회전에 팔을 붙여서 하는 것이 어떻게 가능하고 또 꼭 필요한 것인지를 보여준다. 작은 스윙일수록 팔의 스윙과 몸의 회전은 완전하게 하나로 하는 것이 좋다.

오른팔의 날개

그러나 스윙이 커짐에 따라 팔은 자유로워야 한다. 백스윙의 중간 부분부터 오른팔은 약간 벌려서 몸에서 떨어지도록 하라. 이렇게 되면 백스윙 탑에 도달했을 때에는 약간 뻗은 듯한 느낌을 받게 된다. 오른쪽 다리에 좋은 항력이 실렸다면 상체의 왼쪽 부분 전체는 비틀림과 꼬임으로 당겨지는 느낌을 받을 수 있어야 한다. 이 동작은 다음 세 가지 사항이 일어날 수 있도록 해 준다.

- 두 손은 어드레스에서처럼 백스윙 전반에 걸쳐 양 어깨의 사이에 위치한다.
- 스윙의 반경이 유지된다.
- 왼팔이 목표선상보다 지나치게 안쪽으로 스윙되지 않도록 한다.

왼팔의 접힘/왼팔의 날개

임팩트와 임팩트를 조금 지난 지점까지 팔은 몸과 밀접한 동업관계를 유지해야 한다. 스윙이 중간 단계에 만들어지는 단면을 지나고, 팔이 팔로스루의 마지막 부분에서 가슴 위쪽으로 움직이기 시작하면 왼팔은 마치 오른팔이 백스윙에서 그러했던 모양새로 몸에서 멀어지기 시작한다.

예전에 스윙 중 팔의 움직임을 최대한 제한하려 했던 잘못을 범한 사람들에게는 이 새로운 사실이 스윙, 특히 임팩트에서 자유로움을 느끼게 해 줄 것이다. '타격'이 갑자기 보다 쉽게 느껴질 것이며 팔과 손의 스피드가 증가됨을 느끼게 될 것이다.

요약 - 느끼는 것과 실행하는 것 간의 차이를 좁혀라

몸통은 크고 질량이 큰 덩어리이므로 그것의 동작을 수정하는 것은 상대적으로 적은 시간과 고통이 든다. 하지만 팔이나 클럽은 다르다. 스윙 중에 클럽을 정확히 위치시키는 것은 동작의 동시성이 뛰어나야 할 뿐 아니라 매 순간 눈으로 보지 않고도 클럽의 위치를 알아내는 능력이 필요하다.

스윙의 모양새를 다듬을 때에는 '느낌'과 '실행'이라는 두 가지 요소를 마음에 새기기 바란다. 스윙의 동시성이 확보되었다면, 이제 남은 목표는 느끼는 것과 실행하는 것 간의 차이를 좁히는 것이다. 당신의 코치와 함께 당신이 한 스윙의 좋고 나쁨을 두 사람이 각각 10점 만점으로 심사하여 비교하는 것이다. 당신의 코치가 당신보다는 훨씬 효과적으로 당신의 스윙 동작을 관찰할 수 있으므로 그의 점수가 더 정확하다는 점을 기억하기 바란다.

만일 두 사람 모두가 10점을 주었다면, 정확한 자세뿐만 아니라 당신이 받은 느낌이 스윙에 정확

▼ 오른팔의 접힘.   ▼ 오른팔의 날개.

하게 반영되었음을 알 수 있다. 가능하다면 이런 경우에는 언제나 비디오를 찍도록 해서 코치의 판단과 당신의 느낌을 확인할 수 있으면 좋겠다.

스윙은 크기가 서로 다른 몇 개의 궤도를 따라 움직인다. 제5법칙이 이를 뒷받침하는 간단하면서도 강력한 이미지를 줄 수 있었으면 한다. 또한 당신의 스윙을, 특히 클럽이 지나는 이상적인 궤도를 만들어 내고 유지하는 데에 일조를 했으면 하는 바람이다. 이것이야말로 볼에서 멀어졌다가 다시 임팩트에서 만나는, 스윙의 진정한 '하나의 단면'이자 가장 경제적인 궤도임에 틀림이 없다.

마지막으로, '하나의 단면'을 클럽 샤프트의 기울기가 어드레스부터 스윙이 끝날 때까지 그대로 유지되어야 한다는 의미로 잘못 받아들이지 않기를 바란다. 어드레스는 단지 시작하는 곳일 뿐이다. 어드레스 이후로 줄곧 클럽과 왼팔은 키 높이 위로 올라가지만 어드레스 시에 만들어진 선과는 언제나 연결되어 있다. 이제 잘 정리된 강력한 백스윙이 만들어졌다면 '제6법칙 볼을 향한 발사'를 향해 움직일 시간이다.

▼ 왼팔의 접힘.　　　　　　　　　　　　　　　　　▼ 왼팔의 날개.

LAW 6
제6법칙

볼을 향한 발사
Firing into the Ball
모든 것을 쏟아붓기

머리말

사격이나 양궁 코치가 늘 강조하는 순간은 총탄이나 화살이 발사되기 직전이다. 코치는 정확성과 효율성을 위해 최대한 방아쇠를 부드럽게 당기라고 한다. 시위에서 활이 떠나기 직전에는 호흡도 멈추어야 한다. 이것은 모아진 힘을 과녁으로 보내기 직전에는 평정을 유지해야 하는 순간이 있음을 말한다. 즉 평정은 잘 준비되고 훈련된 발사를 위한 필수 요소이다. 폭풍우 직전의 고요함!

이번 제6법칙에서는 위의 사례와 비슷한 원리를 다운스윙에는 어떻게 적용할 것인지 설명하겠다. 또한 백스윙을 통해 몸이 축적한 것을 다운스윙으로 잘 연결시키는 타이밍에 대해 알아보겠다. 앞선 법칙들이 잘 이해되었다면 이 다운스윙은 비교적 쉽게 느껴질 것이다. 다운스윙은 거의 본능적으로 나와야 완벽한 골프이니까.
마음의 평정은 잘 준비된 스윙의 필수 요소이다.

"평정은 잘 준비되고 훈련된 발사를 위한 필수 요소이다"

다운스윙의 진실

다운스윙은 이전부터 어려운 것으로 생각되었다. 거의 백 년 동안이나 수많은 선수와 코치들을 괴롭혀 온 질문은 '무엇이 다운스윙을 시작하게 하는가'라는 것이었다. 이 질문은 다운스윙의 순서에 관한 것이며, 앞으로 소개할 '들어서기' 연습에서 설명할 것이다. 이 연습으로 정확한 순서와 함께 물 흐르는 듯한 다운스윙 동작의 본질을 가장 간단하게 배울 수 있다.

훌륭한 다운스윙은 이렇게 정의될 수 있다. '**백스윙을 통해 모은 모든 것에다가 아주 조금을 더 더해서 임팩트로 가져가는 것.**' 어드레스 자세는 임팩트 자세와 사실 같지가 않다. 그런데도 같아야 한다는 주장이 실제로는 많은 영향을 주어 왔다. 50대 50의 좌우 균형을 유지하는 것이 어드레스라고 한다면, 좋은 임팩트 자세는 몸의 오른쪽이 치고 나갈 수 있도록 몸의 왼쪽이 목표 방향을 향해 조금 열려 있고 무게 중심도 약간 왼쪽으로 쏠려 있는 것이다. 이것이 정의에 나오는 '조금'의 의미이다. 백스윙에서 모은 것은 모두 다운스윙에서 다시 되돌려 놓아야 한다.

연습 훈련 : '들어서기' 연습

몸의 오른쪽에서 왼쪽으로의 체중 이동은 하나의 연결된 동작이어야 한다. 최고의 스윙은 멈추었다가 다시 시작하지 않는다. 이 연습으로 백스윙에서 다운스윙으로의 자연스러운 전환을 느낄 수 있다.

- 미들 아이언으로 어드레스 자세를 취하되 볼은 평소보다 2.5센티미터 정도 더 왼발 쪽에 위치시키고 매우 좁은 보폭을 취한다.

- 부드러운 백스윙 끝에서 다운스윙으로 전환될 준비가 되었다고 느껴지는 순간 왼발을 목표 방향으로 내딛는다. 실제로는 백스윙 탑에 도달하기 직전부터 왼발은 움직이기 시작해야 한다.

- 체중을 자연스럽게 왼쪽에 실으면서 볼을 타격하고 나서 피니시 자세를 취한다.

- 이 연습을 몇 번 하다 보면 곧 스윙의 전환이 물결처럼 부드럽게 이어지는 느낌을 받을 수 있을 것이다. 이 연습은 물 흐르는 듯한 다운스윙을 만들기 위한 최고의 리듬 훈련이 될 것이다.

다운스윙에서 왼쪽 다리의 기둥 심어주기

제3법칙에서 백스윙에서 다운스윙으로 이어지는 전환이 권투선수의 다리 움직임과 비슷하다고 설명했다. 권투와 골프는 모두 오른쪽 다리에서 왼쪽 다리로 힘과 체중을 원활하게 전환시키는 단계가 있다.

좋은 스윙에 반드시 있는 이 동작은 이미 당신에게도 익숙한 것이다. 방안을 걸어 다닐 때에도 당신은 이미 스윙의 방향 전환에서 필요한 오른쪽에서 왼쪽으로의 체중 이동을 하고 있다. 다만 다른 점은 골프 스윙의 동작이 조금 더 역동적이라는 것이다.

앞서 말한 바와 같이, 이와 비슷한 다리의 움직임은 격투기나 야구, 테니스 같은 많은 다른 스포츠에서도 볼 수 있다. 여기서 왼쪽 다리의 역할은 몸의 오른쪽이 힘껏 타격할 수 있도록 지지해 주는 것이다. 골프에서도 다운스윙 시 몸의 왼쪽은 오른쪽이 최대의 힘을 낼 수 있도록

"몸의 왼쪽은 오른쪽이 힘을 낼 수 있도록 받쳐주는 기둥 역할을 한다."

받쳐주는 기둥 역할을 한다. 이처럼 튼튼한 왼쪽이 없다면 다운스윙 동작에 기준이나 통제력도 없게 되며 오른쪽이 힘을 낼 수도 없게 된다.

대체로 슬라이스 구질을 가진 사람은 다운스윙에서 몸의 오른쪽을 너무 빨리 사용하는 것이고, 그로 인해 바깥에서 안쪽으로 끌어당기는 스윙을 만들어 낸다. 또한 다운스윙 초기에 엉덩이를 너무 많이 쓰고 푸시나 훅을 만드는 사람은 왼쪽 다리가 앞쪽으로 밀리지 않게 단단히 고정시켜야 한다. 일단 왼쪽 다리를 고정하면 몸이 밀리지 않고 회전할 수 있다.

벨트라인의 높이를 수평으로 유지하면
다운스윙 시에 팔의 움직임이 자유로워진다.
백스윙으로 몸을 최대한 꼬면 스윙은 임팩트와 그 이후를 위한 소중한 에너지를 모은다. 그다음 다운스윙에서 몸의 역할은 균형과 집중을 유지하는 안정적인 스윙으로 모든 비틀림과 힘을 한꺼번에 내뿜는 것이다.

잘 짜인 몸동작은 다운스윙에서 팔이 자유롭게 스윙할 수 있게 한다. 이런 맥락에서 절제와 자유로움은 공존하는 것이며 그 둘의 조화를 위해 노력해야 한다. 사실 당신의 손과 팔은 몸이 정확히 회전되어야 강력한 샷을 날릴 수 있다. 정확한 회전 동작의 핵심은 바로 벨트라인의 높이를 수평으로 유지하는 것이다. 벨트라인이 기울어지거나 들리면 오른팔은 몸의 오른쪽에 갇히게 되어 자유롭지 않고 힘을 쓸 수도 없다.

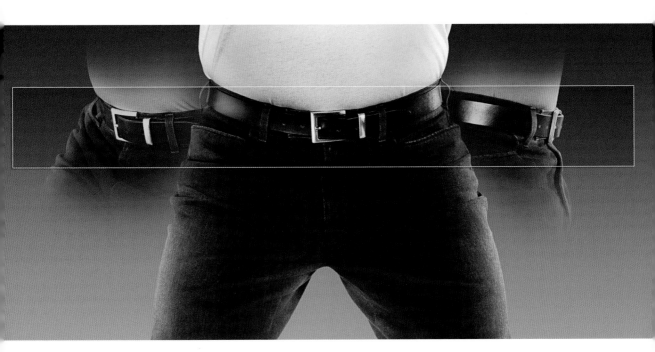

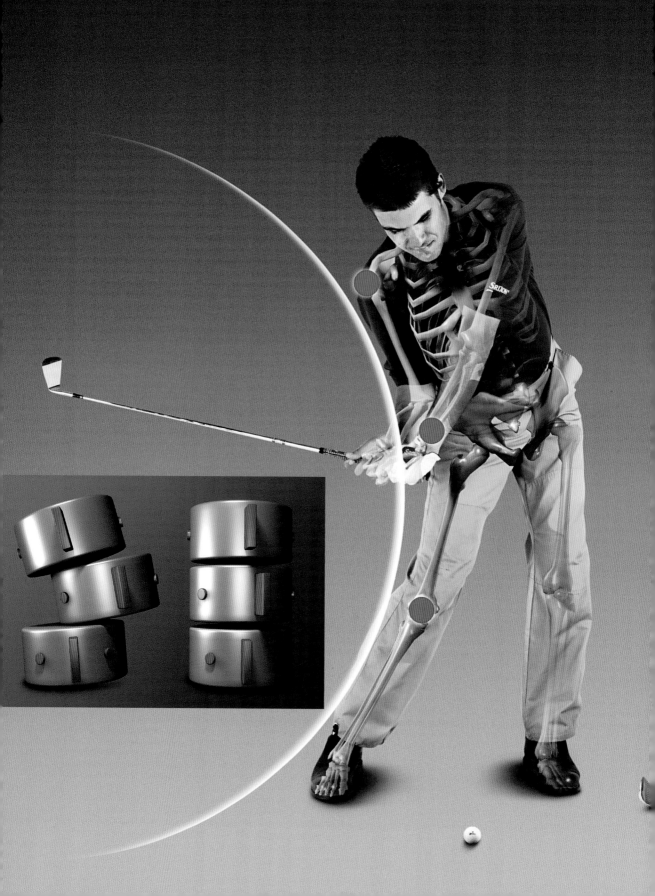

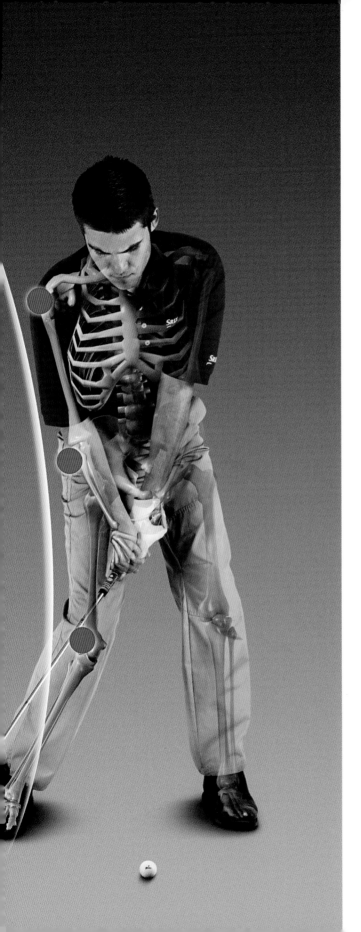

무서운 '역 C자 피니시'의 진실

이 책을 쓰는 목표 중 하나는 흔히 쓰이는 골프 용어와 표현을 찾아 잘 설명하는 것이었다. 단순히 스윙을 규명하고 문제점을 지적하는 것으로는 충분치 않았다. 때로는 보이지 않는 것을 보이게 하여 스윙에는 어떤 영향을 미치는지를 분석하고 밝혀내야 했다.

'역 C자 피니시'라 함은 임팩트와 그 이후에 C자를 뒤집어 놓은 것처럼 척추가 휘는 피니시 자세를 말한다. 다운스윙 시에 다리와 엉덩이의 과도한 동작으로 만들어지는 이 자세는 놀랍게도 1960년대부터 1970년대까지 매우 올바른 동작으로 가르쳐졌다. 그 시대의 많은 골퍼들이 지금은 척추 관련 부상으로 시달리고 있어 안타깝다.

'역 C자 피니시'
– 주요 관절이 선을 벗어남

다운스윙 초기에 엉덩이와 다리를 지나치게 쓰면 어깨와 팔, 무릎의 올바른 관계를 무너뜨린다. 왼쪽 이미지를 자세히 보면 몸 오른쪽에 위치한 주요 관절들이 선에

◀ 왼쪽 : 역 C자 피니시 자세.
　오른쪽 : 주요 관절이 선을 유지함.
　왼쪽 박스 : 각각의 자세를 기둥으로 표현한 것.

서 크게 벗어나 몸이 균형을 잃고 불안정한 자세임을 볼 수 있다.

엉덩이와 무릎이 흔들리면 가슴판은 뒤로 기울어지고 스윙의 저점이 볼보다 뒤에 만들어지면서 각종 부실한 샷이 나온다. 결과적으로 손과 팔은 더 서둘러야 하고, 임팩트에서 손목을 갑자기 틀어 스퀘어를 만들어야 하므로 일관성 있는 골프를 하기에 부적절하다.

올바른 수평 피니시 – 주요 관절이 하나의 선을 이룸

오른쪽 다리의 움직임은 다운스윙에 관여할 시기가 올 때까지 기다려야 한다. 그런데 오른쪽 다리가 너무 먼저 나서면 몸통 아래 부분이 지나치게 앞서 나가게 된다. 앞의 오른쪽 이미지에서 몸의 오른쪽에 있는 주요 관절들은 하나의 완만한 선을 이루고 있음을 볼 수 있다. 이렇게 되면 볼을 향해 가파르게 접근할 필요가 없고 일관성 있게 좋은 샷을 구사할 수 있으며 부상의 위험도 줄어든다.

만일 자신의 스윙이 '역 C자 피니시'와 비슷하다고 생각하면 앞서 말한 127쪽에 소개된 '들어서기' 연습을 반복해야 한다. 이 연습은 다운스윙에서 왼쪽 다리가 먼저 만들어져야만 오른쪽 다리를 쓸 수 있도록 고안된 것이다. 동시에 벨트라인의 수평을 유지하는 데에도 관심을 쏟기 바란다. 임팩트에서 이 같은 기울어짐 현상은 오른쪽 다리를 과도하게 사용하려 할 때 주로 나타난다.

지렛대의 이용 – 힘과 정확성을 위해 지렛대를 열고 닫아라

스윙에서 팔은 지렛대처럼 움직인다. 팔을 접으면서 힘을 모으고 펼치면서 힘을 만들어 전달한다. 이를 '지렛대의 이용'이라고 하며, 오른팔을 사용함에 있어 특히 활용해야 할 동작이다.

스윙 단면이 잘 유지되는지를 가늠하는 척도로 백스윙 중에는 왼팔이 사용되었는데, 다운스윙 중에는 오른팔의 움직임이 이 척도에 사용된다. 스윙에서 오른팔의 움직임은 볼을 던질 때와 비슷하다. 뒤로 접으면서(지렛대를 접고) 힘을 축적한 다음 볼을 멀리 던지게(지렛대를 펴게) 된다. 임팩트 지역에 들어서도 오른팔이 여전히 접힌 각도로 유지되면 동작에 일관성을 기할 수 없다. 오른팔을 펼때에는 처음부터 끝까지 하나의 부드러운 연결 동작으로 이루어져야 한다. 그래야 힘을 제대로 전달할 수 있고 클럽페이스를 올바르게 가져갈 수 있다.

임팩트를 위하여 오른팔의 관절들을 펼치는 동작. ▶

아래 이미지를 보면 다운스윙이 임팩트 지점을 지나 실제로 타격이 이루어지는 곳은 임팩트를 조금 지난 지점으로 묘사되어 있다. 이렇게 된 것에는 두 가지 이유가 있다. 먼저 클럽헤드가 최대의 스피드로 지나는 곳은 'Hit Me Hard'라는 표지판이 있는 위치이어야 한다는 의미이다. 다운스윙은 점진적으로 운동량이 증가하여 볼을 타격하고 난 직후에 비로소 절정에 이른다는 것을 기억하기 바란다. 그래야만 클럽헤드는 임팩트를 지나면서도 계속 가속을 얻을 수 있다. 두 번째로 볼을 때리는 것이 아니라 볼이 있는 경로를 지나간다는 점을 이해하는 것이 중요하다. 좋은 스윙이란 단순히 스윙 경로에 있는 볼을 걷어내는 것이다.

연습 훈련: 오른팔의 각도 열기

잘못된 스윙을 고치거나 향상을 모색할 때 가장 좋은 방법은 문제가 있는 부위만을 따로 격리시켜서 연습하는 것이다. 이 경우에 오른팔로만 스윙해 봄으로써 오른팔을 정확하게 펴는 동작을 연습하고 또한 몸의 오른쪽을 써서 뻗으며 타격하는 법을 익힌다.

- 7번 아이언을 잡고 볼은 티 위에 놓는다. 왼손은 오른쪽 어깨에 놓고 클럽헤드는 볼의 바로 앞에 둔다. 탑까지 부드럽게 백스윙하면서 오른팔이 뒤로 잘 접히도록 한다.

- 다운스윙에서는 팔꿈치와 손목으로 만들어진 각을 다시 펼치는 것에 집중하도록 한다. 클럽헤드가 임팩트와 그 바로 다음 지점을 지나는 동안 접혔던 오른팔이 점진적으로 펼쳐지는 것을 느껴야 한다.

임팩트 이해하기

이상적인 임팩트 자세는 정의하기 어렵고 마술과도 같다. 임팩트는 스윙 중에 의식적으로 만들거나 강제한다고 해서 되지 않지만, 그럼에도 불구하고 그것이 어떤 것인지 알아 두는 것은 중요하다.

골프를 배우고 즐기는 과정에서 상상력보다 더 좋은 참고자료는 없다. 골프라는 게임을 설명하고 가르치는 데 말이나 글로는 한계가 있기 때문이다. 사실 상상력 대신 자리 잡은 쓸데없이 혼란스럽기만 한 갑론을박 때문에 일을 망쳐버리는 일이 종종 벌어진다.

좋은 임팩트 자세의 요소들을 이해하는 데 수천 마디 단어보다는 단 하나의 정확한 다운스윙 이미지가 훨씬 더 유용하다. 임팩트의 중요성을 지나치게 강조하거나 그것을 스윙의 가장 중요한 자세로 대하기보다는 임팩트를 더 큰 전체의 일부로 대하는 것이 바람직하다.

볼을 효율적으로 타격하기 위해 골퍼가 정확히 할 줄 알아야 할 하나는 좋은 임팩트를 갖는 것이라는 말을 종종 듣는다. 매우 특이한 스윙을 갖고 있는 경우에는 그럴 수도 있겠지만, 그 절대적인 '하나'는 임팩트라기보다 좋은 임팩트를 만들어 내기 위해 선행하는 동작이나 움직임이다.

좋은 임팩트 자세를 위하여 오른쪽 무릎과 클럽헤드를 잘 조율한다. ▶

결론은 임팩트를 스윙의 핵심으로 보지 말라는 것이다. 그보다는 피니시에 이르기까지 반드시 거쳐야 하는 과정의 하나일 뿐이다. 볼을 때리려고 해서는 안 된다. 그저 지나면서 클럽헤드로 걷어 올려야 한다.

완벽한 임팩트를 위한 세 가지 열쇠

궁극적으로 골프 스윙의 조율은 클럽헤드와 몸 간의 관계를 어떻게 하는가에 따라 결정된다. 당연히 클럽페이스와 볼이 만나는 임팩트보다 조율이 더 중요한 곳은 없다.

- 가슴판의 기울기는 탄도를 결정한다.
- 몸은 목표를 향해 부분적으로 열려 있다.
- 오른쪽 무릎과 클럽헤드는 임팩트 선상에 같이 도착한다.

136쪽의 이미지는 좋은 임팩트를 위한 모든 것들을 하나의 간단한 연습에 담고 있다. 이 연습으로 몸의 오른쪽 전체가 볼과 볼을 지나서까지 움직일 수 있다. 오른쪽, 특히 오른쪽 무릎이 뒤에 머무르면 모든 것이 뒤집혀버리듯 뒤땅을 때리는 문제가 생긴다.

가급적이면 비디오나 거울을 이용하여 하프 스윙으로 오른쪽 무릎과 클럽헤드가 임팩트 선상에 같이 도착하는 느낌을 받도록 한다. 그런 다음 점차적으로 스윙의 크기와 속도를 늘리면서 풀 스윙에서도 정확한 자세가 나올 수 있도록 연습한다. 머지않아 몸의 오른쪽을 활발히 써주기만 하면 원하는 대로 힘껏 볼을 쳐낼 수 있음을 느낀다.

장타의 비밀 – 오른쪽 무릎과 클럽헤드의 조율

세계 최고의 선수들은 어떻게 그렇게 매번 멀리 정확하게 볼을 쳐낼 수 있는지 신비스럽기까지 할 것이다. 이 두 가지 요소 중에서 정확성이야말로 당신의 우선 목표이겠지만, 거기에 거리를 더하게 되면 당신의 스코어카드는 상당히 달라질 수 있다.

그런데 기껏 몇 미터 더 날리려다 보면 스윙은 더 긴장되고 뻣뻣해진다. 그보다는, 평소보다는 조금 더 느리고 부드러운 백스윙을 하고 똑같이 느리고 부드럽게 다운스윙도 시작한다. 이렇게 해도 장타를 위한 힘은 충분히 모을 수 있다.

이 힘 조절은 샷에 몸의 오른쪽을 모두 내던지는 것에서 나온다. 클럽헤드가 임팩트 지역을 고속으로 지나려면 오른쪽 무릎과 발이 클럽헤드를 함께 이끌고 가야만 한다. 이 스윙 단계에서는 클럽헤드가 몸의 회전보다 훨씬 빠른 속도로 움직이기 때문에 더 빠른 헤드 스피드를 내기 위해서는 몸의 회전이 더 빨라져야 한다는 사실을 기억하기 바란다. 이런 조율을 몸에 익히려면 똑같은 원리로 짧은 샷에서 시작해서 클럽 모두를 거치는 동안 익숙해지도록 연습한다.

모두 던지는 방법 배우기

제4법칙에서 전체 스윙 동작에서 손을 사용하는 방법에 대해 설명했다. 그렇게 함으로써 손과 팔, 몸동작이 함께 잘 조화를 이룰 수 있다.

스윙에서 '던진다release'라는 용어는 볼을 향해 단지 손만이 아니라 몸의 모든 것을 던진다는 것을 의미한다. 또한 이 시점에서 강조하고 싶은 것은 임팩트에서 클럽페이스를 목표에 스퀘어로 맞추려고 의식적으로 손을 감거나 해서는 절대로 안 된다는 점이다. 이런 잘못된 생각은 슬라이스를 자주 내는 사람들이 어떻게 해서든 드로우샷을 구사해 보려고 부질없는 노력을 억지로 기울인 끝에 나온 것이다. 좋은 그립(클럽페이스와 일치하는)과 좋은 몸동작(동작의 일관성), 그리고 좋은 동시성(클럽의 위치와 타이밍)이면 슬라이스 볼이 나올 가능성은 저절로 완벽히 배제된다. 이것은 제5법칙에서 이미 잘 설명했고, 당신도 할 수 있다.

하키 퍽 날리기 – 보다 더 곧고 더 긴 샷을 위한 열쇠

제1법칙을 되새겨보면, 그립에는 두 가지 기본 기능이 있다고 했다. 첫 번째는 손과 클럽페이스를 동일선상에 한데 묶는 기능이다. 두 번째는 힘차게 클럽헤드를 볼로 가져가기 위한 기능이다. 이 두 가지 기능들을 하나의 휘두르는 동작으로 만족시키기 위해서는 타격 지점에서 어떤 형태로든 힘의 분출이 있어야 한다. 나는 이것을 '하키 퍽 날리기puck release'로 비유하는데, 이는 아이스하키 선수가 퍽을 쳐내는 방식과 비슷하기 때문이다. 어떻게 이 동작이 클럽헤드를 목표선상과 스윙 단면에 일치시키는지 자세히 살펴보는 것이 좋겠다.

임팩트 지역에서 손과 팔뚝을 교차시키는 이상한 사람들도 있다. 이렇게 클럽을 돌리는 방식은 일관성 없는 타격을 낳고 볼의 방향성을 저해하는 결과를 가져온다. 스윙 중에 손과 팔뚝의 회전이 없어야

"최고의 스윙은 손이나 팔뚝이 어떻게 회전하는가와 그다지 큰 관계가 없다."

한다는 것은 아니다. 분명 있기는 있다. 손과 팔뚝의 회전은 클럽을 스윙 단면에 유지시키기 위해 추가 회전이 필요한 백스윙의 끝 무렵과 팔로스루의 끝 무렵에만 일어난다. 최고의 스윙은 손이나 팔뚝이 어떻게 회전하는가와는 그다지 큰 관계가 없다.

좋은 스윙은 클럽이 임팩트에 다가감에 따라 오른쪽 손목과 팔을 쭉 뻗게 된다. 이 동작은 별도의 방해가 없는 한 자연스럽게 계속된다. 볼을 타격하고 난 직후 오른손은 왼손보다 약간 아래에서 움직이며, 그로 인해 클럽페이스를 가능한 오랫동안 목표선상 최적의 단면에 유지할 수 있다.

연습 훈련 : 짧은 칩샷으로 하키 퍽 날리기

하키 퍽 날리기를 정확하게 느끼려면 먼저 칩샷으로 동작을 연습한 뒤 더 긴 스윙에도 적용한다.

- 8번 아이언을 잡고 체중은 앞쪽으로 기울인 상태에서 짧은 칩샷을 연습한다.

- 백스윙을 시작할 때 오른쪽 손목이 뒤로 꺾이도록 한다.

- 다운스윙을 시작할 때부터는 꺾였던 손목을 점차 부드럽게 풀어주어 임팩트를 지나는 동안 오른손 이 왼손의 아래에 놓이도록 한다.

- 10회 정도 반복한 후에 8번 아이언으로 하프 스윙을 몇 회 실시하고 풀 스윙까 지도 한다. 이때 오른손은 매번 정확하 고 동일한 방법으로 펴지도록 한다. 얼 마 지나지 않아 놀라운 통제력을 얻을 것이다.

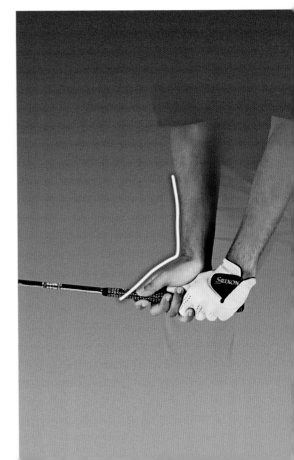

주걱 뜨기라는 생각은 버려라

이처럼 손을 펴는 방법은 임팩트에서 주걱으로 뜨는 듯한, 그래서 뒤땅을 치는 가장 완벽한 방법이 아닌가 하는 의구심이 드는 독자가 있을 것이다. 임팩트에서 자세가 부정확하다면 그렇게 될 수도 있다. 예를 들어, 엉덩이는 목표 방향으로 기울어지고 척추는 목표 반대 방향으로 기울어져 버린다면 뒤땅을 치는 것은 매우 간단한 일이며 뒤땅이 아니더라도 땅과 함께 볼을 쳐내는 두터운 샷이 될 것이다.

하지만 자세를 잘 준비해서 제대로 확신을 가지고 임팩트 지역에 진입한다면 뒤땅을 치는 일 따위는 거의 불가능하다. '하키 퍽 날리기'는 최고의 선수들 사이에서도 가장 비밀스러운 비결 중 하나이다. 일단 해 보면 그 즉시 8번 아이언 칩샷만으로 볼이 일직선으로 잘 날아가는 것을 볼 수 있을 것이다.

▼ 보다 곧고 긴 샷을 날리기 위한 '하키 퍽' 날리기.

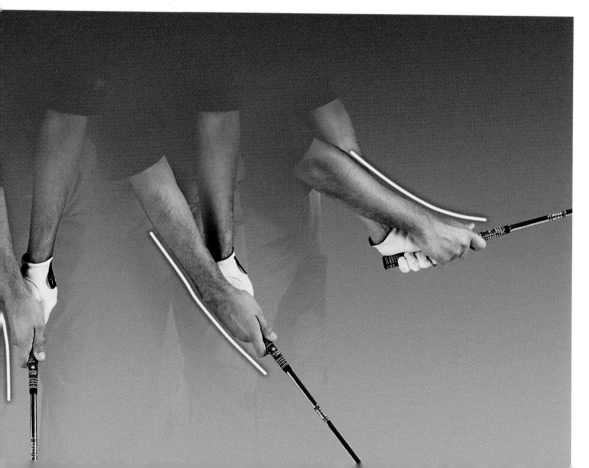

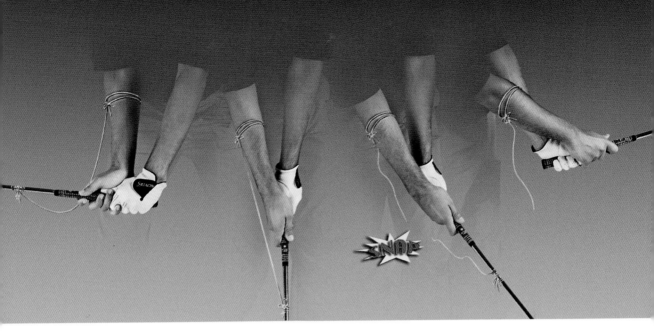

▲ 연습할 때 이 이미지를 기억하기 바란다. 힘찬 타격을 위해서는 줄을 끊듯이 손목을 움직여라.

이제 자신 있게 강한 샷을 날릴 수 있다.

지난 세기 동안 많은 유명 골퍼들이 오른손을 임팩트에서 적극적으로 사용할 수 있다고 했다. 그들은 정말 정확하게 오른손 팔뚝을 잘 펼칠 수 있는 듯하다. 당신도 충분한 연습을 통해 확신이 어느 단계까지 오르면 아이스하키 퍽을 날리듯 오른손으로 놀랄 만큼 강력하게 볼을 쳐낼 수 있을 것이다. 그때까지는 그냥 클럽페이스를 목표와 일치시켜 두는 데 집중하기 바란다.

피니시의 피드백

결과가 어떠하든 볼을 치고 나면 피니시 자세를 잠깐이라도 유지하기 바란다. 스윙 중 규칙과 균형이 잘 수행되었는지를 확인할 수 있을 뿐 아니라 피니시 자세는 방금 수행한 스윙에 대한 중요한 피드백을 주기 때문이다. 물론 의식적이기보다는 무의식적으로 되겠지만 이것은 배움의 과정에서 매우 중요하다. 피니시 자세를 잠시 유지함으로써 몸은 스윙에 대한 가장 신뢰할 수 있는 정보를 뇌에 보낼 수 있다.

리듬과 템포의 이해

리듬은 기계적인 것이고 템포는 개성이다.
리듬은 스윙의 '하나 – 둘' 이며, 템포는 '하나 – 둘'의 속도다.

위의 문장은 스윙의 속도를 가장 간단하게 설명한 것이다. 볼을 더 잘 치기 위해서는 리듬과 템포의 차이점을 정확히 이해하고 각각 스윙에는 어떤 영향을 미치는지를 알아야 한다. 많은 골퍼들이 자신의 게임에 맞는 일관된 스윙 스피드를 찾으려고 노력한다. 솔직히 해결의 실마리가 보이지 않아 짜증난 골퍼의 마음을 이해한다. 무엇이 먼저인가? 리듬? 템포? 답은 더 나은 리듬을 찾으려면 먼저 기술을 연마하라는 것이다. 좋은 기술이란 스윙에서 전반적인 동작과 모양새, 크기의 한결같음을 말한다. 리듬은 이런 동작의 일관성에서 나온다.

한편 템포는 조작하거나 억지로 만들려고 해서는 안 된다. 제4법칙에서 논의했듯이 템포는 당신의 시스템과 정신과 신체에 타고난 것이다. 연습할 때에 계속해서 '하나 – 둘'의 리듬을 얻는 데 집중하면 정확한 스윙 템포는 그냥 저절로 따라올 것이다. 그렇기 때문에 리듬에 우선하여 기술을 먼저 잘 갈고 닦아야 한다.

자신에게 이상적인 템포를 발견하기 – 스윙 속도를 비슷하게 만들기

자신의 자연스런 템포를 알아내는 가장 쉬운 방법은 백스윙 속도와 다운스윙 속도의 차이를 알아보는 것이다. 예를 들어, 백스윙을 천천히 하는 편이라면 다운스윙에서는 본능적으로 빨리 쳐내려고 할 테니까 낚아채듯 클럽을 당길 수밖에 없다. 이런 유형의 스윙은 백스윙 시속 20마일, 다운스윙 70마일 식이다. 이 둘 사이의 속도 차이는 너무 크다.

적절한 템포는 이 두 스윙 스피드 간의 차이를 좁힘으로써 정해진다. 예를 들자면, 백스윙 시속 55마일, 다운스윙 70마일. 이렇게 함으로써 자신의 개성에 맞춘 보다 효과적인 스윙에 근접할 수 있다. 모든 골퍼들에게 이 속도가 맞는 것은 아니다. 다만 좋은 사례로 따라 해 볼 수는 있다. 백스윙과 다운스윙의 속도 차이를 이렇게 마음속으로 이미지화하여 비슷하게 유지하다 보면 자신만의 스윙 리듬을 만들어 나갈 수 있다.

리듬에 관한 문제

Q : A라는 골퍼는 한 번도 레슨을 받은 적이 없고 샷은 방향이 제멋대로입니다. 그의 스윙 이론은 매주 바뀌지요. 어째서 그는 매 스윙마다 일관성이 없을까요?

A : 간단하네요. 그분에겐 리듬이 없기 때문이죠! 리듬이란 자연스러운 동작을 만들기 위한 스윙의 기술적인 요소들이 잘 결합되어야 비로소 나오죠. 간혹 별난 동작의 스윙을 가진 프로 골퍼들이 있습니다. 하지만 이것은 기술적인 요소들이 잘 결합해 통하는 스윙이 만들어진 경우죠. 하지만 별난 기술을 그들의 리듬으로 만회하려면 정확한 기술을 가진 다른 선수들보다 배로 더 열심히 연습해야 한다는 사실을 알아야 합니다.

템포에 관한 문제

Q : 클럽을 너무 빨리 휘둘러서 생긴 문제가 아닌가 해서 B 씨는 연습장을 수도 없이 찾았습니다. 매번 연습장을 찾을 때마다 더 느린 동작을 만들어냈다고 느껴질 때까지 스윙의 속도를 진정시키는 데 집중했습니다. 새로 다듬은 느린 스윙을 구사할 것을 기대하면서 주말 라운딩에 나갔지만 또 다시 무지막지하게 휘둘러대고 말았지요. 그는 스윙에 대한 모든 감각과 통제력을 상실한 채 곧 비탄에 빠졌습니다. 왜 그는 느린 템포를 유지할 수 없었을까요?

A : B 씨는 빠른 템포를 느리게 만드는 것이 옳은 일이라고 믿었지만 스스로를 잘 바라보아야 합니다. 그가 말도 생각도 운전도 빨리 하는 사람이라면 스윙도 빨리 하는 것이 옳은 것입니다. 반대로 평상시에 꼼꼼하고 침착한 성격의 골퍼라면 그와는 다른 스윙 템포를 가져야겠지요.

요약

방향성을 통제할 수 있어 볼을 안전하고 강하게 칠 수 있다면 정말 즐거울 것이다. 제6법칙의 주된 임무는 백스윙 탑으로부터 임팩트와 그 이후에 이르기까지의 여정을 최대한 거리낌 없이 자유로운 것으로 만드는 것이다. 이 장에서 소개한 것들을 모두 갖춘 골퍼는 틀림없이 볼을 멀리 그리고 곧게 날려 보낼 수 있을 것이다.

다운스윙에 들어가면 스윙에서 발생하는 엄청난 힘과 스피드를 조절하여야 하므로 스윙 동기화에 특히 중점을 두면서 백스윙에서 만들어진 모든 움직임을 다시 원래대로 가져와야 한다. 제4법칙

백스윙과 다운스윙의 속도 차이를 조절함으로써 자신만의 올바른 스윙 리듬을 만들어 낼 수 있다. ▲

에서 몸보다 움직여야 할 거리가 긴 클럽헤드는 백스윙 시에 몸보다 더 빨리 움직여야 한다고 설명했다. '들어서기' 연습에서도(127쪽 참조) 몸은 백스윙의 끝에서 잠시 머물러 다운스윙에 들어가기 전에 클럽헤드가 따라오기를 기다리는 순간이 있다고 했다.

이 연습은 특히 슬라이스를 내는 사람들에게 유용하다. 왜냐하면 오른팔이 힘을 쓸 수 있는 시간과 기회를 제공할 뿐만 아니라 정확한 단면과 궤도로 펴질 수 있기 때문이다. 훅을 내는 문제도 몸에서 기인한다. 제3법칙에서 보여준 '역 C자'나 '엉덩이의 기울어짐'과 같은 이미지는 몸이 정확하게 회전하지 못하면 오른팔은 얼마나 구속과 제약을 받는지 생생하게 보여준다.

특이하게도 이 요약의 마지막 부분은 백스윙에 대해 생각해 본다. 거리를 좀 만들려면 다운스윙이라는 여정에 들어가기 전에 스윙이 우선 에너지를 잔뜩 모으도록 한다. 생애 통산 18개의 메이저 대회에서 우승하는 동안 잭 니클러스의 마음속에 있던 스윙에 대한 단 하나의 생각은 '백스윙을 충분히 하라'는 것이었다. 또한 중요한 상황에 있거나 좀 더 멀리 날려야 할 때에는 백스윙이든 다운스윙이든 서두르지 않는 것이 중요하다. 타이밍이 최우선임을 기억하기 바란다.

이 장에서 당신의 게임을 보다 높은 수준으로 한 단계 끌어 올릴 기술적인 정보는 거의 소화된 셈이다. '거의'라고 한 이유는 기본적으로 좋은 스윙은 훌륭한 골프를 할 수 있는 잠재력을 준다는 것이지 그렇게 할 수 있는 권리를 주는 것은 아니기 때문이다. 이것은 '제7법칙 목표와의 춤을'에서 발견할 수 있기 바란다.

LAW 7

제7법칙

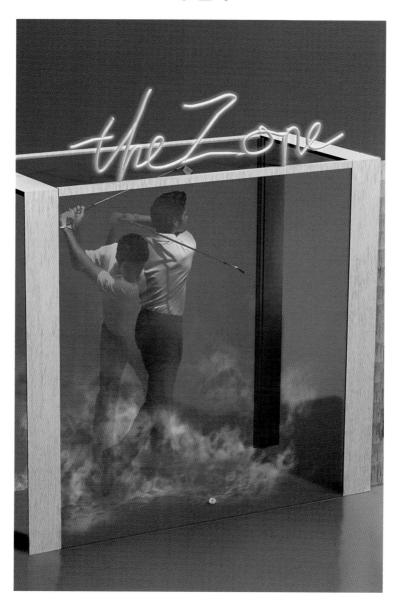

목표와의 춤을
Dance with the Target
분석은 그만하고 몸에게 맡겨라

머리말

지금까지 이 책에서 소개한 법칙들은 일관성 있고 기술적으로 완벽한 스윙을 만들기에 적합하다고 생각하는 순서대로 나열되었다. 각각의 법칙들이 물론 모두 중요하지만 마지막 법칙은 완전히 다른 차원의 레슨이다. 앞서 말한 여섯 가지의 법칙들은 주로 스윙 테크닉에 중점을 두었고 이제 이 장에서 다룰 내용은 지금까지 배운 것들을 하나의 편안하고 연속되는 일련의 동작들로 결합하는 것이다.

이제 스윙의 골격에 대해서 잘 이해하고 있을 것이고, 지금부터 당신의 게임에 필요한 것은 의욕 ─ 최고의 기능을 발휘할 수 있는 동작의 활력소 ─ 이다. 이 장에서는 스윙에 시동을 걸게 하는 습관과 루틴을 만드는 방법, 볼에 다가가는 순간부터 볼이 멀리 사라질 때까지 어떻게 행동할 것인지에 대해 알아본다.

샷을 하기 전에 수행하는 프리샷 루틴pre-shot routine의 중요성을 가볍게 생각해서는 안 된다. 이 루틴의 중요성은 오랜 기간 놀라운 성공을 거둔 투어 프로들의 특징을 살펴보면 알 수 있다. 잭 니클러스, 타이거 우즈, 닉 프라이스, 닉 팔도 등의 선수들은 모두 일생 동안 거의 변치 않는 특유의 프리샷 루틴을 가지고 있다.

그들의 루틴에는 바지 자락이나 셔츠 깃을 잡아당기거나 클럽헤드를 흔들거리고 발을 끌거나 백스윙 직전에 손을 앞쪽으로 내미는 등 개인적이고도 사소한 특징들이 있다. 이것들은 샷을 분석하는 단계로부터 잠재의식적인 자동운전 단계로 전환하는 마음의 신호이다. 이로써 주변의 방해나 부정적인 생각들을 배제하고 오로지 목표를 향해 볼을 날리는 데 집중할 수 있다.

> *"샷을 하기 전에 수행하는 프리샷 루틴의 중요성을 가볍게 생각해서는 안 된다."*

그렇다고 프리샷 루틴에 의식적인 생각이 없어야 한다고 하는 것은 아니다. 오히려 정반대다. 모든 견고하고 일관된 프리샷 루틴은 이제 곧 날리려고 하는 샷에 대한 완전히 의식적인 평가에서 시작해야 한다. 나는 이 정신적인 과정을 '유리병 채우기'라고 부르며, 이에 대해서는 곧 설명한다.

이 장에서 배울 핵심 사항은 좋은 습관 기르기 과정을 방해하는 갖은 유혹에 저항하는 방법이다. 일단 분석적이고 자연스러운 요소들로 구성된 프리샷 루틴을 스스로 잘 마련해야 한다. 이를 잘 만들었다면 그것이 최선이라고 받아들여야 한다. 그런데 어떤 골퍼들은 자신이 만든 루틴을 최선으로 받아들이지 못하고 계속 세심한 부분까지도 다듬으려다가 결국에는 더 큰 것을 망가뜨리곤 한다. 이것은 마치 정원에 씨를 묻어놓은 지 일주일 만에 얼마나 자랐는지 보려고 파보는 꼴이다.

루틴을 계속 이리저리 바꾸면 게임 자체가 뒤죽박죽된다. 루틴은 한번 결정하면 시종일관 함께하기 바란다. 그럴만한 가치가 충분히 있음을 장담할 수 있다.

유리병 채우기 – 프리샷 루틴에서 의식적인 면

골프에서 프리샷 루틴은 볼을 치기 전에 수행하는 사전 예행연습과 행동을 말한다. 좋은 프리샷 루틴은 우리의 잠재의식이 샷에 대한 통제력을 갖게 한다. 하지만 모든 프리샷 루틴은 샷에 대한 의식적인 분석에서 시작되어야 한다. 샷에 대한 계획을 세우기 위해 필요한 모든 정보를 획득하고 판단을 마친 후에야 비로소 자동 실행 모드로 들어가 잠재의식이 나머지를 수행하는 것이다.

어떤 샷을 구사해야 할 것인지 판단을 내리기 전에 골퍼의 마음은 빈 유리병과도 같다. 그것이 계속 빈 채로라면 그 안에 어떤 부정적인 생각들이 비집고 들어갈 수 있다. 자신에 대한 불신이나 비관적인 생각들로 가득 차서 볼 앞에 서는 것은 결코 도움이 되지 않는다. 이런 의심은 특정한 샷에 대한 신체 능력을 믿지 못하거나, 샷의 선택에 확신이 서지 않거나, 샷의 종류를 선택하는 과정에서 자신의 이론이나 통찰력이 불분명하다고 생각하기 때문에 일어난다.

나는 프리샷 루틴의 분석적인 목적은 '마음의 유리병에 자신감을 채워 넣는 것'이라고 믿는다. 긍정적인 자세와 자신의 능력, 그리고 선택한 샷에 대한 완전한 믿음으로 어드레스를 잡기 위해서는 먼저 그 유리병을 자신감으로 꽉 채워야 한다. 병이 다 차지 않았다면 그 빈 곳에 온갖 부정적이고 파괴적인 생각들이 채워진다.

샷을 날리기 전의 체크 리스트

긍정적이고 성공적인 샷을 위해 필요한 자신감과 신념을 만들어 내기에 앞서 평가하고 점검해야 할 네 가지 기본 요소가 있다.

비행사가 비행 전에 체크리스트를 점검하는 것처럼, 훌륭한 골퍼들은 샷을 하기에 앞서 마음을 차분하게 가라앉히는 과정이 있다. 이렇게 함으로써 골프 코스나 연습장에서 샷에 일관성을 더해줄 의사결정 과정에 들어간다.

이 단계에서 의사 결정할 때 약간 마음의 동요를 겪더라도 그리 개의치 말기 바란다. 이런 마음의 동요는 배워가는 과정에서 꼭 필요한 요소이기 때문이다. 그러나 이 훈련의 가장 큰 목표는 미스 샷이 나와도 자학하지 않는 데 있다. 실패는 성공의 어머니이니까. 아래에 나열된 네 가지 점검 사항은 의사 결정을 최대한 정확하게 내릴 수 있는 순서대로 만들어져 있다.

이 네 가지 점검 사항을 골프 장갑이나 자주 보는 곳에 적어두면 도움이 될 것이다. 샷을 하기 전에 이 네 가지 사항을 매번 자신에게 되묻는 과정을 계속한다면 머지않아 자연스럽게 프리샷 루틴의 일부분이 될 것이다.

1. 어떤 종류의 샷이 가능한지 볼이 놓인 상태를 점검한다.
2. 볼의 비행에 영향을 미칠 바람이나 경사도, 오르막 내리막 등의 다른 요소들을 살핀다.
3. 목표를 정하라 — 시작하는 목표와 도달하는 목표.
4. 홀이나 목표 지점까지 정확한 거리를 계산하라.

이렇게 네 가지를 점검함으로써 유리병에 자신감을 가득 채우고 어떻게 샷을 날릴지 마음속에 명확한 그림을 그리면 프리샷 루틴의 의식적인 부분은 끝난다. 이제부터 잠재의식에 주도권을 넘겨주어 남은 루틴을 끝내도록 한다. 이렇게 의식으로부터 무의식으로 넘어가기 위해서는 그것을 촉발하는 방아쇠가 필요하다.

신체적인 방아쇠 – 의식과 무의식을 연결하는 고리

잘 짜인 프리샷 루틴으로 당신은 마치 자전거를 타는 것처럼 습관적으로 볼을 날릴 수 있게 되었다. 하지만 샷을 조절하려는 욕구도 스스로 접을 수 있어야 한다. 그것도 가장 적절한 순간에 그럴 수 있어야 한다. 바로 이 점이 많은 골퍼들에게는 어려운 부분이다. 원하는 샷을 구상하는 의식적인 부분을 끄고 잠재의식에 맡겨두는 상태로 전환하는 그 사이가 너무도 짧기 때문이다.

의식적인 상태로부터 잠재의식으로 막힘없이 전환하기 위해서는 어떤 연결고리나 방아쇠를 마련하는 것이 중요하다. 충분한 연습을 통해 이런 연결고리나 방아쇠는 잠재의식으로의 전환을 촉발시키고 몸이 자동 운전 상태로 전환하여 볼에 대한 망설임이나 다른 어떤 심적 방해 없이 샷을 날릴 수 있게 한다.

> *"신체적인 방아쇠는 뇌에 '준비'라는 메시지를 보낸다."*

신체적인 방아쇠는 뇌에 '준비'라는 메시지를 보낸다. 이쯤에서 샷을 위한 준비는 모두 완료되어야 한다. 자신감으로 유리병을 채우지 못했다면 남은 부분에는 의심과 불안, 부정적인 생각들이 스며들 것이다. 여기 바람직한 상태로의 전환을 위한 두 가지 신체적인 방아쇠의 예가 있다.

클럽으로 준비하기 – 흔들고 나서 시작하기

일단 그립을 잘 잡고 나면 볼 뒤에서 다시 한 번 목표 지점을 바라본다. 이 순간 몸을 약간 흔들어 자신을 가다듬고 크게 심호흡을 한 번 한다. 그렇게 함으로써 맥박수를 늦출 수 있고 특히 상체의 긴장을 풀 수 있다.

이제 신체적 방아쇠를 당길 시기가 왔다. 여전히 목표 지점에 시선을 고정한 채 클럽을 목표 방향으로 위아래로 조금 흔들어 본다. 이렇게 흔들 때에는 그립을 쥔 손의 압력을 살짝 높여 클럽헤드의 무게를 느끼도록 한다. 클럽의 움직임을 멈추고 볼을 향해서 걸어간다. 루틴은 이제 시작되었다.

마음가짐과 함께 클럽을 움직일 준비를 한다. ▶

> "이렇게 거의 알아차릴 수도 없는
> 작은 습관이 견고한 프리샷 루틴을
> 형성할 수 있다."

장갑 끝 잡아당기기
– 살짝 잡아당겨 분위기를 마련한다.

또 골프 장갑 끝을 살짝 잡아당기는 것도 효과적인 신체적 방아쇠의 한 방법이다. 크게 심호흡을 하면서 볼 뒤에서 목표 방향을 한 번 더 응시한다. 클럽을 왼손으로 잡았을 때 목표 지점을 응시한 채로 오른손을 사용하여 왼손 장갑의 끝을 살짝 잡아당긴다. 이 동작이 바로 신체적 방아쇠가 된다. 그런 다음 오른손을 왼손 위로 덮어 잡아 그립을 완성하면서 볼로 다가간다.

이렇게 거의 알아차릴 수도 없는 작은 습관은 극히 미미한 것이지만 꾸준히 반복하다 보면 튼튼하고 흔들림이 없는 프리샷 루틴이 될 수 있다.

하지만 이것들은 그저 예일 뿐이다. 둘 중 하나를 선택할 수도 있고 아니면 스스로 자신만의 동작을 만들 수도 있다. 어떤 것이 좋을지 여러 번 시험해 봐야지만, 어떤 방아쇠를 선택하든 가급적이면 간단하고 현실적인 것으로 정하는 것이 좋다.

장갑 끝을 살짝 잡아당기는 동작은 프리샷 루틴을 시작하기 위한 효과적인 신체적 방아쇠가 될 수 있다. ▶

자신에게 맞는 루틴 만들기

방금 강조한 바와 같이 모든 골퍼는 '유리병 채우기' 과정을 거쳐야 하지만 그 다음에 벌어지는 일들은 개인에 따라 다르다. 사람들마다 서로 다르기 때문에 모두에게 적당한 표준 프리샷 루틴은 없다. 예를 들어, 감感에 주로 의존하는 사람은 특정 샷을 하기 위해 스윙 중 몸은 어떠해야 하는지에 대한 느낌을 갖기를 원하는 반면에, 시각적인 부분을 우선하는 사람은 원하는 샷에 대한 이미지를 더 마음속에 갖고 싶어 한다. 이처럼 두 가지 성향의 골퍼들이 있는가 하면 시각적인 것과 느낌에 대한 것 모두를 루틴에 포함시키고 싶어 하는 골퍼들도 많다.

선호하는 루틴이 어떤 것이든 어떤 신호가 당신의 몸에 가장 잘 반응하는지를 알아내는 것이 우선이다. 이것은 간단한 관찰을 통해 알 수 있다. 무언가 상상하면 그 이미지가 잘 떠오르는 편인가? 평상시에 느낌으로 이야기를 하는 편인지 아니면 머릿속에 그려보고 이야기하는 편인가? 어떤 동작으로 스윙을 시작하는 것과 어떤 생각에 집중하면서 스윙하는 것 중에서 어느 쪽이 더 편한가? 상상하고 있는 샷을 말로 설명하는 것이 쉬운가, 아니면 어려운가? 이런 질문을 자신에게 해 보면 어떤 것이 가장 효과적인 루틴인지 알 수 있다.

루틴 1: 연습 스윙 루틴

자신이 감각을 중요시하는 사람이라면 '연습 스윙' 루틴이 가장 적합할 것이다. 이미지화하기는 어렵지만 느낌이나 감각을 통해 뇌와 대화가 가능해진다면 아마도 이 '연습 스윙' 루틴이 당신의 게임에 더 적당할 것이다.

롱 게임에 사용하든 아니면 숏 게임에 사용하든, 연습 스윙으로 몸이 얻는 피드백이 바로 '연습 스윙' 루틴의 핵심 사항이다. 이 루틴은 당신의 몸이 스펀지처럼 연습 스윙에 대한 느낌을 빨아들여 평가하고 해석할 것이라는 가정에 입각한다.

> *"모든 골퍼들에게*
> *적당한 보편적인*
> *프리샷 루틴은 없다."*

예를 들어, 실망스러운 샷을 날린 후에 같은 자리에서 다시 볼을 놓고 치면 멋진 샷을 날린 경험을 해 보았을 것이다. 두 번째 샷은 훨씬 더 느낌이 좋고 잘 조절되며, 균형도 훌륭하고 견고하면서 힘찼을 것이다. 도대체 어떻게 된 것일까? 이유는 간단하다. 한 번의 기회가 더 주어졌기 때문이다.

감각에 의존하는 골퍼들은 자신들의 스윙에서 올바른 신체적 방아쇠 — 스윙에 정신을 집중하게 만드는 하나의 가장 간단한 생각 — 를 갖게 될 때 최고의 기량을 발휘한다. '올바른'이라고 한 것은 누구나 개인이 가지고 있는 신체적 혹은 기술적 한계로부터 완전히 자유로워질 수 없기 때문이다. 스윙에 잘못이 있다면 그 문제는 해결될 때까지 줄곧 당신을 따라다닐 것이다. 그렇기 때문에 문제점을 빨리 발견해서 해결책을 내놓을 수 있으며, 이와 동시에 골프 코스에서 사용할 수 있을 정도로 간단하고 실질적인 이론과 느낌을 이끌어낼 수 있는 코치를 찾는 것이 좋다.

연습 스윙

일단 '유리병 채우기'가 끝나면 다음 단계는 볼 근처에 서서 다음의 두 가지 중 하나를 연습하는 것이다. 만들고자 하는 모양의 샷을 연습하거나, 아니면 당신이 필요로 하는 느낌에 집중하여 연습하는 것이다. 어떤 연습을 선택하든 연습 스윙swing rehearsal은 실제로 하고자 하는 스윙과 똑같아야 한다. 같은 리듬과 같은 모양 그리고 무엇보다도 전반적인 느낌이 같아야 한다.

연습 스윙 횟수가 정해져 있지 않지만 경기 도중 연습 스윙이 두 번을 넘으면 상식을 벗어나 에티

켓에서 문제가 생길 수 있다. 하지만 연습장에서는 얼마든지 하고 싶은 만큼 연습 스윙을 하기 바란다. 루틴을 많이 연습하면 할수록 코스에서는 더 본능적일 수 있다.

이 연습 스윙에서 정말 관심을 두어야 할 곳은 임팩트와 바로 다음을 지나는 느낌이다. 그곳이야말로 스윙의 핵심 진실을 담고 있는 순간이므로 가능한 한 많은 느낌과 정보를 얻어내기 바란다. 느낌을 더 잘 얻기 위해 눈을 감고 연습 스윙해 보는 것도 좋다.

한 가지 기억해야 할 사항은, 일단 원하는 스윙에 대한 느낌을 얻고 나면 지체 없이 샷을 날려야 한다는 것이다. 연습 스윙으로 습득한 느낌은 볼 앞에서 시간을 끌면 끌수록 사라져 버리기 때문이다. 바로 셋업에 들어가 방아쇠를 당기고 날려버려야 한다.

마지막으로, 몸과 마음은 언제나 방금 연습한 것을 반영하고 싶겠지만 정작 받을 준비가 되어 있지 않다면 이런 피드백은 무용지물이 된다. 이 연습 스윙 루틴은 샷을 날리기 전에 느낌을 먼저 필요로 하는 사람들에게 안성맞춤이다.

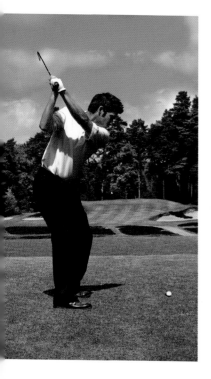

◀ 연습 스윙 루틴
 – 스윙에 필요한 모든 것을
 느끼는 것.

루틴 2 : 시각적 루틴

그 어떤 것이든 마음속에 이미지로 떠올릴 수 있는 능력을 타고 났다면 골프를 위한 최고의 재능을 선물 받은 것이나 다름없다. 비록 감각에 의존하는 골퍼라 하더라도 '마음속에 영상 떠올리기'라는 예술을 연습할 필요가 있다. 그 어떤 다른 능력도 할 수 없는 선명함과 집중력을 제공한다.

시각적인 골퍼라면, 어떤 샷은 훨씬 쉽게 느껴질 때가 있다. 이것은 예전에 이미 멋지게 날려봤던 샷으로 기억 속에서 언제든지 꺼내 볼 수 있도록 저장되어 있다. 물론 다른 어떤 샷들은 조금 손질이 필요할 수도 있다. 아무리 뛰어난 예술가라도 작품을 구상하는 데 종종 어려움이 있다. 만일 당신이 머릿속에 영상화하기 어려운 샷이 있다면 그건 연습이 필요하다는 것이다.

1. 볼은 어느 방향으로 출발시키는 것이 좋은가?

이것은 먼저 자신에게 물어야 할 가장 중요한 질문이다. 이 때 목표를 향한 타구는 언제나 조금씩 좌우로 휠 수 있다는 점을 감안하는 것이 좋다. 골프에서 완벽하게 직선으로 날아가는 샷은 무척 어렵기 때문이다. 만들고자 하는 샷의 형태는 원래부터 구질이 그렇거나, 아니면 그렇게 하려는 의식적인 노력의 결과일 것이다. 의도대로 구질을 만들면 에러에 대한 여유를 가질 수 있다. 예를 들어 직선 타구가 오로지 페어웨이 절반만을 사용하는 것에 비해 드로우나 페이드 구질을 갖고 있으면 페어웨이 폭 전체를 사용할 수 있다.

2. 구체적인 목표를 선택하기

정확한 결과를 원한다면 목표를 정확하게 선택해야 한다는 것이 상식이다. 예를 들어, 그린 주변 어딘가를 겨냥하는 것에 만족한다면 볼이 깃대 바로 옆에 떨어질 것을 기대하기 어렵다. 세심한 골퍼라면 정밀하게 목표를 선정하고 경사를 따라 홀 컵으로 향하는 경로까지도 미리 예상함으로써 더욱 만족할만한 결과를 기대할 수 있다.

당신의 집중력을 높이고 유지시키는 것은 두리뭉실한 목표가 아니라 세밀하거나 흥미를 유발하는 목표물이다. 배경과 확연히 구분되는 나무는 매우 자연스러운 '작은' 목표물이 된다. 구름 또한 흥미롭고 요긴한 목표일 수 있다. 샷을 앞두고 볼을 내려다보고 있을 때에도 기억날 수 있을 정도로 당연히 목표물은 실질적인 크기여야 한다. 목표물은 미터보다는 센티미터 단위로 정하는 것이 좋으며, 여기에서 예로 든 나무나 구름 이외에 많은 사물을 활용하여 목표물 정하기를 습관화하는 것이 좋다.

▲ 샷의 목표에 대한 두 가지 사례: 배경에 비친 나무 그림자가 자연스럽게 조그마한 목표물이
되었으며 구름도 분명한 목표가 된다.

3. 최종 목표를 확인하라

시작하는 목표가 도달하는 목표보다 더 구체적이어야 함은 당연하다. 볼이 정확히 출발하지 않는
다면 의도하는 목적지에 도달하는 것은 불가능하기 때문이다. 최종 목표는 계획한 샷에 대한 마무
리에 해당한다는 점에서 중요하다. 마음속으로 볼의 최종 도착지는 핀 바로 옆이나 페어웨이의 특
정 위치 등으로 영상화하여 정할 수 있다.

연습 훈련 : 목표를 움켜쥐는 방법 배우기

흥미롭거나 흥미를 유발하는 목표를 설정하는 것이 도움이 되는 이유는 이제 분명해졌을 것이다. 당신의 머릿속에 또렷이 각인되는 코스 상의 목표물을 찾아야 한다.

화려한 액션으로 꽉 찬 영화의 마지막 10분은 영화관을 떠나도 기억 속에 생생히 떠오른다. 이처럼 기억에 오래 남는 목표물을 골프 코스에서 찾아야 한다.

이 이미지에서 보듯이, 시각적인 측면이 발달한 골퍼는 샷을 하기 직전까지도 머릿속에 보내야 할 목표의 이미지를 떠올릴 수 있는 능력이 있다. 이 능력을 기르기 위해 연습하자. 먼저 방 안이나 창밖의 어떤 사물을 구체적으로 잠시 바라본다. 그런 다음 다른 쪽으로 시선을 돌리거나 눈을 감고 머릿속으로 그 이미지를 떠올려 유지해 본다. 만약 그렇게 할 수 있다면 샷을 하기 직전에 볼을 보고 있을 때에도 목표를 머릿속에 그릴 수 있는 능력이 있는 것이다. 이 방식으로 퍼팅 연습을 시작해서 점차 칩샷이나 피칭샷도 해 본다. 곧 점점 더 구체적인 이미지가 자리 잡기 시작하면서 마음이 편안해짐을 발견할 것이다.

당신의 시선이 볼을 향한 다음에도 마음속에
목표 이미지를 움켜쥐는 법을 배우자. ▶

웨글 – 셋업과 스윙을 연결하는 고리

지금까지 소개한 프리샷 루틴의 어느 부분에도 동작은 별로 없었다. 좋은 리듬을 만들어 내기 위해서 스윙을 효과적으로 행동에 옮겨야 한다. 이때 어드레스 자세와 스윙 사이에 있는 것이 바로 웨글 waggle이다.

추측컨대, 웨글이란 단어를 들으면 스윙에서 이 부분은 그저 부수적인 것으로 여길 것이다. 하지만 좋은 웨글은 다른 어떤 동작보다도 효과적으로 스윙의 흐름을 유도하고 만들어 낸다. 웨글은 두 가지 매우 중요한 기능을 한다. 첫째로 리듬을 만들어 내며, 둘째로 백스윙의 최초 움직임을 연습한다.

스윙을 시작하기 위해 웨글을 사용하기

움직이는 볼에 대한 반사 신경을 필요로 하는 테니스나 스쿼시와는 달리 골프에서 공은 바닥에 정지되어 있으므로 몸도 공도 움직임은 없는 셈이다. 그런 상황에서 이 웨글은 스윙의 시작을 이끌어 내는 역할을 한다.

▼ 동작에 들어갈 준비가 된 상태.

▼ 웨글을 시작한다.

웨글을 잘 활용하려면 시선을 잘 활용할 수 있어야 한다. 이미지에서 볼 수 있듯이, 웨글은 목표를 바라보면서 수행한다. 그런 다음 클럽헤드와 시선을 볼에 다시 돌려놓자마자 즉시 백스윙을 시작할 수 있다. 이렇게 함으로써 마음이라는 유리병에 부정적인 생각이 담길 시간도 기회도 주지 않는다. 또한 마지막으로 바라본 목표의 모습을 생생하고 분명하게 기억할 수 있게 한다.

백스윙 연습을 위한 웨글 사용하기

스윙을 시작하기 위한 약간의 움직임을 넣는 것 이외에도 웨글은 백스윙 동작의 예행연습처럼 사용될 수 있다. 좀 더 구체적으로 웨글은 백스윙에서 클럽을 정확한 단면에 올려놓기 위한 손목 움직임의 작은 연습이 되어야 한다. 웨글은 클럽헤드가 오른발 앞쪽을 지날 정도로는 움직여야 한다.

어떤 사람들은 약간 더 긴 웨글이 좀 더 많은 흐름과 리듬을 만들어 준다고 믿는다. 이 경우 오른쪽 손목은 좀 더 꺾어 클럽 샤프트가 지면과 평행을 이루고 클럽페이스의 날 부분은 하늘을 향하는 위치까지 움직인다. 이 둘 모두 실제 스윙을 위한 효과적이고 적절한 연습에 해당한다.

▼ 머리와 클럽은 동시에 제자리로 돌아온다.

▼ 반응하여 스윙을 시작한다.

다음 동작을 이끌어 내기 위한 동작

셋업 자세를 정지된 자세라고 인식하는 것은 잘못된 생각이다. 경험이 많은 프로 선수들에게 이는 사실과는 거리가 먼 이야기이다. 최고 수준의 선수들이 어드레스 시에도 작은 움직임들을 보이는 이유는 아주 간단하다. 완전히 정지된 자세에서는 부드럽고 리듬을 타는 스윙을 만들어 내기가 불가능하기 때문이다.

선수들은 대개 이런 움직임이 자연스럽다. 그렇지 않은 사람도 연습으로 만들어 낼 수 있다. 스윙 직전의 이 동작은 당신이 원하는 대로 만들어 낼 수 있는데, 이를 위한 가장 손쉬운 방법은 텔레비전에 나오는 프로 선수들을 관찰하는 것이다. 자신의 셋업에 담고 싶을 정도로 자신과 비슷한 특징이나 스윙 전 동작을 가진 선수를 먼저 선택한다. 그를 그냥 따라하거나 그의 루틴을 참고해서 자신만의 루틴을 만든다.

통제하려는 마음을 버리는 방법 배우기

물 흐르듯 흘러가는 루틴 속에서 스윙으로 이어가는 방아쇠로 본능적으로 스윙을 시작하면 여태껏 자신의 샷을 방해한 것들로부터 자유로워진 나를 느낄 수 있다. 물론 어떤 사람들에게는 이런 통제력의 상실이 꽤나 두렵게 느껴질 수도 있다. 특히 클럽과 공을 의식적으로 통제하려는 스윙을 해 온 사람들에게는 그러하다. 하지만 궁극적으로는 이런 자유로운 느낌에 익숙해지고 이를 즐겨야 한다. 잘 다듬어진 프리샷 루틴 속에 자신의 스윙을 내버려 두고 믿으면 많은 어려운 장애물들, 예컨대 첫 티 박스에서의 긴장감, 어려운 위치에 놓인 샷, 치열한 게임 등을 극복할 수 있다.

시선을 맞추는 것 – 볼과 목표 간의 아름다운 만남

눈은 언제나 골프 코스에서 제일 중요한 자산이다. 왜냐하면 그것은 몸에 매우 요긴한 자극을 주기 때문이다. 프로 선수들은 근처 연못의 물결이 움직이거나 나무가 흔들리는 것만을 보고도 바람의 방향을 가늠한다. 그들의 눈은 또한 잔디의 결이나 휘어지는 경사처럼 아주 작지만 중요한 그린 정보를 찾아낸다. 모든 샷 하나하나에 쏟는 세세한 관심이야말로 프로들이 아마추어와 구별되는 요소들 중 하나이다.

눈을 잘 사용하면 코스 공략법을 바꿀 수도 있고 기억해 둘 수도 있다.

"골퍼로서 이룰 수 있는 최고 수준에 도달하려면 눈으로 잘 관찰하는 방법을 배워야 한다."

눈은 언제나 골프 코스에서
가장 중요한 자산이다. ▶

예를 들어, 동료가 그린에서 퍼팅한 볼이 구르는 것에 주의를 기울이면 자신의 퍼팅이 어떻게 휠 것인가에 대한 단서를 잡을 수 있다. 골퍼로서 이룰 수 있는 최고 수준에 도달하려면 눈으로 잘 관찰하는 방법을 배워야 한다. 감각적인 골퍼든 시각적인 골퍼든 눈에 직접 보이는 것이 어떤 의미를 지니고 있는지에 대한 이해는 필수적이다.

예를 들어, 티 박스에서 서서 페어웨이를 내려다 볼 때 코스의 반을 몽땅 차지하고 있는 워터 헤저드를 무시하는 것은 무모한 짓이다. 그냥 물이 존재하지 않는 척 하는 것도 곤란하다. 단순히 물은 거기에 없다고 자신을 설득하면 할수록 마음속에 물의 존재는 더 자리 잡는다. 적극적인 방법은 가능한 최선을 다해 세세한 부분까지 살펴보고 문제가 일어날 소지를 없애는 전략을 세우는 것이다.

눈에 보이는 것이 언제나 다는 아니다

라운딩 중에 어떤 결정을 내려야 할 때 주로 눈을 통해 얻는 정보에 의지하지만, 가끔은 눈이 당신을 현혹시킬 수도 있다는 점을 기억하기 바란다. 골프에서는 눈에 보이는 것이 언제나 다는 아니기 때문이다.

골프장 설계자들은 벙커의 위치와 경사의 변화로 함정을 위장한다. 예를 들어 목표까지 거리가 짧아 보이게 하거나 정확한 클럽과 방향을 선택하기 어렵도록 좁아 보이게 하는 착시현상을 잘 알고 있는 전문가들이다.

티에서 보면 매우 험악해 보이는 홀도 반대 방향에서 보면 아주 단순해 보일 수 있다. 바로 이런 점들 때문에 많은 투어 프로들은 연습 라운딩에서 코스의 난이도를 정확히 이해하고 문제가 될 만한 홀들을 공략할 적절한 전략을 세우기 위해 코스를 거꾸로 걸어보곤 한다.

짧은 홀이나 숏 홀에서 골프장 설계자는 종종 그린 앞 약 20~30미터 지점에 커다란 벙커를 만들어 사람들을 혼란스럽게 한다. 이런 설계는 홀까지의 거리가 실제보다 길게 느껴지므로 언제나 티 박스에 적혀 있는 거리 표시를 잘 참고해야 한다.

눈을 카메라 렌즈처럼 활용하라

나는 아마추어든 프로 선수든 내 학생들에게 사진사가 카메라 렌즈를 조작하듯 눈을 활용하라고 말한다. 렌즈를 조작하여 멀리 떨어져 있는 작은 목표물에 초점을 맞출 수 있고, 에러에 대한 여유를 갖기 위해 필요 없는 방해물은 흐릿하게 만들 수 있으며, 광각 렌즈를 이용하여 초점을 크게 가져오기도 한다. 특별히 눈에 거슬리는 사물은 무시하고 보다 편안한 마음을 갖기 위해 주변의 풍경을 더 받아들일 수도 있다.

정확도를 높이기 위해 깃발에 집중한다

초점을 극도로 좁혀 깃발을 불태울 듯이 집중하는 이 이미지는 다른 것들은 무시하고 오로지 목표에만 집중한다는 것이다. 목표를 구체적으로 설정하여 곧 날리게 될 샷에 대한 전략을 명확하게 할 뿐만 아니라 결과를 뇌에 미리 각인시켜 잠재의식에게 명령을 전달할 수도 있다.

눈으로 목표물을 구체화시키게 되면 뇌는 원하는 결과를 위해 스스로 최선을 다할 것이다. 목표가 분명치 않다면 당연히 바람직한 결과는 기대할 수 없다.

긍정적이고 효과적인 혼잣말 – 자신에게 말하는 대로 이루어진다

오래된 속담에 이런 말이 있다. '부단히 자신에게 다짐하면 그대로 이루어진다.' 인생과 마찬가지로 골프의 성공비결 중 하나는 자신에게 효과적인 다짐을 할 수 있는 능력이다.

훌륭한 골퍼가 되려면 자신과 대화하는 능력을 개발할 필요가 있다. 이 '혼잣말'은 자신이 이루고 싶은 것에 대한 다짐이다. '말하는 대로 이루어지리라'라는 속담은 마음의 목소리가 일상생활과 행동에 극적인 효과를 가져 온다는 것이다.

"샷마다 100퍼센트의 집중과 수행을 하도록 자신에게 주문을 걸어라."

예를 들어, 어떤 샷이 어렵다거나 특정 상황이 불편하다고 계속 마음속으로 자신에게 이야기하면 그대로 현실이 되어버린다. 하지만 다행스럽게도 그 반대 방향도 가능하다. 자신에게 샷마다 100퍼센트의 집중과 수행을 하도록 주문을 걸면, 두려움으로 대하는 샷들을 바라보는 관점이 얼마 지나지 않아 현저히 달라지는 것을 느낄 수 있다.

눈의 초점을 좁게 가져가서 목표물을 불태울 듯 바라봐라. ▶

긍정적인 혼잣말의 좋은 예는 프리샷 루틴에 들어가기 전에 작은 목소리로 자신에게 원하는 샷을 설명하는 것이다. 볼은 어떤 방향으로 시작되어 어디에 떨어지고, 어떤 탄도로 갈 것인지를 자신에게 설명하는 것이다. 친구들과 하는 편안한 게임에서는 각자가 샷을 날리기 전에 어떤 샷을 할 것인지 먼저 말하는 방식으로 연습할 수 있다. 예고한 것과 얼마나 비슷하게 샷을 날렸는지를 봐서, 어떤 샷은 잘 되고 어떤 샷은 더 연습이 필요한지를 알 수 있다.

'곳'을 발견하고
그곳에 머무르기

골프 중계를 보면, 해설자가 '이 선수는 곳 zone에 들어가 있네요'라는 해설을 들어본 적이 있을 것이다. 이 '곳'이라는 것은 누구나 경험할 수 있는 것은 아니지만 몇몇 선택 받은 골퍼들은 샷을 날릴 때마다 느끼곤 하는 어떤 마음의 상태를 말한다.

이 '곳'에 들어가게 되면 목표는 매우 뚜렷하게 보이고 시간의 흐름은 전혀 느껴지지 않으면서도 샷은 매우 자연스럽게 날리게 된다. 그러나 이 '곳'은 어떤 이유에서

훌륭한 골프로 향하는 일곱 걸음. ▶

인지 의식적으로 들어가기가 거의 불가능하다. 이 '곳'은 애를 쓰면 쓸수록 더욱 더 들어가기 어려워진다. 그 '곳'에 있었다는 사실을 알게 된 대부분의 아마추어 골퍼들은 자신도 모르게 우연히 들어간 것이어서 애써봐야 소용없다는 표현이 참 적절하다.

그러나 깔끔하고 일관성 있는 프리샷 루틴으로 이 '곳'에 들어갈 수 있는 기회가 많아질 수 있다는 사실에는 솔깃하지 않을 수 없다. 사람마다 개인차는 있겠지만 그 '곳'으로 가는 길은 분명히 있다. 이 가상의 지역을 경험하고 즐기기 위해서는 게임의 여러 요소들이 조화를 이루어야만 한다. 체력이 따라주어야 집중력을 잃지 않고 마음을 안정시켜 마주한 도전에 최대한 집중할 수 있다. 그리고 대개는 마음이 평온하면 할수록 이 요소들이 함께할 가능성도 높아진다.

완벽한 집중을 위한 일곱 걸음

보통 한 라운드에는 4시간 이상을 코스에서 보낸다. 일관성 있고 성공적인 골프를 위해서는 뛰어난 집중력이 필수이지만 그 4시간 내내 긴장과 집중을 유지한다는 것은 거의 불가능할 뿐만 아니라 불필요하다고 하겠다.

167쪽의 이미지는 우리가 집중하고자 하는 가상의 그 '곳zone'을 묘사하고 있다. 볼을 중심으로 약 일곱 걸음 정도 되는 좁은 통로인데, 이곳은 골프 코스에서 유일하게 샷에만 집중해야 한다. 이 통로를 벗어나서는 집중을 풀고 무엇을 해도 된다. 동료와 대화를 나누고 풍광을 즐겨도 된다.

이 이미지의 첫 번째 부분은 골퍼가 분석과 평가를 마치고 어떤 종류의 샷을 할 것인지 결정한 직후에 해당한다. 이 단계에서 골퍼는 무의식의 경지에 돌입하기 위한 신체적인 방아쇠를 당긴 상태에 있다. 최고의 샷을 위해 스윙에 대한 의식적인 생각은 거의 없어야 한다. 궁극적으로는 습관처럼 수행하는 스윙이 목표이다. 이것은 이미지 중간 부분에 묘사되어 있다.

스윙을 하는 지역을 벗어나면 골퍼는 샷에 대한 심리적 종결을 경험해야 한다. 결과가 좋든 나쁘든 관계없이 이 일곱 걸음을 지나서는 결과에 대한 감정의 폭주에 매달리지 않도록 노력해야 한다. 위대한 골퍼들은 모두 현실에 충실하고 과거의 잘못에 매달리지 않는 능력을 지녔으나, 사실 대부분의 골퍼들은 이에 대해 개선할 여지가 많다.

요약

제7법칙의 백미는 융통성에 있다. 제7법칙은 골프 코스에서 직접 사용할 만한 좋은 습관을 만들어 낸다. 다양한 개인차를 감안하여 융통성 있게 활용할 필요가 있다. 그렇다고 제7법칙을 그다지 덜 중요하게 받아들여도 된다는 것은 아니다. 오히려 다른 법칙들과 긴밀한 관계를 유지한다. 심지어 이 법칙은 스윙에 있어서 대부代父와도 같다.

수많은 스윙 이론들이 비교되고 충돌해 혼란스러워질 때가 있다. 신경이 곤두서고 초초해질 때도 있다. 코스가 어려움을 주거나 날씨가 혹독하여 판단이 흐려질 수도 있다. 이런 경험은 언제든 생길 수 있다는 것을 기억해 두기 바란다. 그래서 이를 늘 준비해 두고 그런 일이 발생했을 때 어떻게 행동해야 하는지 생각해 두어야 한다.

그렇다면 어떻게 해야 할까? 어떤 혼란을 겪더라도 여기에서 소개한 법칙을 잊지 않기를 바란다. 코스에서 어려움이 있을 때마다 몸과 마음의 등불이 되어줄 것이다. 더 믿고 더 철저히 이 법칙을 따라야 한다. 진정 위대한 선수는 자신을 철저히 순간 속에 몰입하게 하고 부정적인 이론이나 느낌과는 완전히 담을 쌓아버리는 능력을 지닌다. 이 강력한 마음 상태는 148쪽에 설명된 '유리병 채우기' 과정으로 시작된다.

앞으로는 제7법칙의 내용과 주제에서 더 나아가 아마도 골퍼를 돕는 인간 본성의 심적 균형에 관한 사항이 최고의 골프를 위해 추구해야 할 다음 단계가 될 것으로 생각한다. 세부 내용은 다를지 몰라도 몸과 마음의 완전한 조화라는 목표는 변함이 없을 것이다. 인체에 대한 신체 역학적 이해가 진전됨에 따라 스윙의 기술적 측면에 대한 의문이나 부족한 요소들은 머지않아 사라질 것이나, 인간의 마음이라는 숨은 방 안에는 아직도 많은 미지의 요소들이 남아 있으니 앞으로 다가올 종류의 골프에 대한 기대로 설레지 않을 수 없다.

지난 세기 동안 제7법칙을 자신들의 몸과 마음의 일부로 받아들이는 능력을 지닌 많은 유명 골퍼들을 보아왔다. 벤 호건, 잭 니클러스, 닉 팔도, 타이거 우즈 같은 선수들의 공통점은 육체적·정신적 능력에 대한 완벽한 믿음과 명쾌함이었다. 이 장을 그냥 한번 읽고 잊어버리지 않았으면 한다. 모든 샷에 있어 이 법칙을 자신의 필수적인 부분으로 만들기 바란다. 이것이야말로 진정한 만족을 위한 첫걸음이다.

스윙 조정을 위한 질문과 답변

제1법칙 그립

1. **그립 감이 매번 변하는 것 같은데 그 이유는 무엇입니까?**

   그립을 잡는 루틴을 봐야 합니다. 그 루틴이 일정하지 않는 것 같군요. 제1법칙으로 가서 클럽을 왼손으로 잡는 법과 오른손이 할 수 있는 역할에 대해 공부하기 바랍니다.

2. **그립을 쥐는 악력은 눈으로 확인할 수 없는데,**
   그렇다면 뭔가 잘못된 것을 어떻게 감지해야 합니까?

   그립의 악력은 클럽을 주도적으로 움직일 수 있는 적당한 에너지와 기동성을 보장하면서 손의 움직임을 컨트롤할 수 있어야 합니다. 이를 위해서는 그립으로부터 가스가 자연스럽게 새어 나오는 이미지(29쪽)를 참고하기 바랍니다. 너무 꽉 쥐면 아무것도 새어 나올 수 없고 너무 느슨하면 넘칩니다.

3. **골프 엘보 때문에 계속 고생하는데 원인이 무엇이죠?**

   대부분의 근육 관련 부상은 클럽을 잘못 잡는 것에 기인합니다. 특히 자각증상이 올 때까지 계속 왼팔의 근육을 늘리는 효과를 가지고 있는 '긴 왼손 엄지손가락의 잘못'(20쪽)에 유의해야 합니다. 임팩트가 일어날 때 이 힘줄은 기타 줄처럼 당겨져 뼈에 연결된 관절에 무리를 줍니다.

4. **'유리병 채우기'를 열심히 해서 잘했다고 생각하는데 샷은 계속 빗나가기만 합니다.**
   어떻게 고쳐야 합니까?

   스윙이 올바른 궤도를 따라 흐르고 프리샷 루틴도 충분히 세밀하다면 아마도 그립을 점검해야 할 것입니다. 클럽헤드를 정렬할 때 양 손의 잡은 상태가 동등한 위치인지 확인하십시오.

제2법칙 셋업의 기하학

1. 팔은 몸에서 얼마나 떨어지게 늘어뜨려야 합니까?

팔과 몸 사이의 거리를 정하기 위해서는 느낌과 위치로 인식해야 합니다. 서 있는 상태에서 두 팔을 앞으로 뻗어 지면과 수평이 되도록 합니다. 이제 두 손바닥을 마주 댄 상태에서 두 팔을 천천히 내립니다. 두 팔의 상박과 몸 사이에서 약간의 압력을 느끼면 팔과 몸 사이의 정확한 거리가 만들어진 것입니다.

2. 스윙이 언제나 늘어지고 균형 잡힌 피니시 자세를 취할 수 없습니다.
무엇이 문제인가요?

이에 대한 대답은 두 가지입니다. 먼저 몸의 움직임과 팔의 스윙에 대해 당신의 다리가 안정성을 제공하지 못하기 때문에 스윙이 늘어집니다. '안정성에서 나오는 힘'(33쪽)으로 돌아가서 그 이미지에 있는 다리 자세를 따라 해 보기 바랍니다. 균형 역시 두 다리와 상체의 관계에서 나옵니다. 너무 발끝 쪽으로 서거나 뒤꿈치 쪽으로 주저앉지 않도록 하십시오.

3. 스윙이 매우 좋아지고 있다는 느낌이 들지만 아직도 터무니없는 샷이 종종 나옵니다.
뭔가 빠트린 것이 있는 것은 아닌지요?

샷에 실수가 나는 것은 아마도 임팩트 시에 볼의 위치와 가슴판의 위치가 일치하지 않았을 가능성이 높습니다. '볼의 위치'(34쪽)에 설명된 정보를 참고하고 거울을 사용하여 정확한 타격의 가능성을 높이기 바랍니다.

4. 9홀을 돌고 나면 등허리가 아파오기 시작해서 점점 더 심해집니다.
이유가 뭘까요?

등허리 부위의 통증은 몸통의 무게로 인해 생기는 근육통일 것입니다. 자세가 정확한지 확인하십시오. 정확한 자세는 척추 상부와 하부에 두 개의 곡선이 유지되어야 합니다. 라운딩을 계속함에 따라 짊어진 무게로 인해 고통은 증가합니다. '유지해야 할 두 개의 곡선'(39쪽)으로 돌아가서 척추는 몸의 옷걸이라는 점을 기억하십시오.

제3법칙 지면 에너지 역학

1. **어드레스 시 오른발의 위치처럼 꽤 작은 사항이 다리 움직임에서 중요할까요?**

   발의 위치는 엉덩이와 몸통의 움직임에 절대적인 영향을 미칩니다. 몸통은 백스윙과 다운스윙 중에 기울어지는 것이 아니라 회전 운동을 해야 합니다. 이것은 두 발이 약간 바깥쪽으로 벌어진 상태여야 잘 될 수 있습니다. 오른발 끝을 열지 않는 것은 무릎과 연골의 문제를 악화시킬 수 있습니다.

2. **언제나 구부려 앉는 것을 연습하고 오른쪽 다리에 체중을 싣지만 여전히 오버 스윙을 합니다. 왜 그렇죠?**

   왼쪽 다리의 움직임에 대해 조금 더 신경을 쓸 필요가 있습니다. 스윙은 몸의 양쪽을 모두 사용하는 것이고 서로 다른 시기에 각각 중요한 역할을 수행합니다. 연습장에서 '왼쪽 다리 연습'(60쪽)을 해 보면 달라지는 것을 느낄 수 있습니다.

3. **내가 만드는 디봇은 너무 얇거나 너무 두터워서 샷의 결과에 영향을 줍니다. 뭐가 잘못되었나요?**

   디봇 형태가 일정하지 않음은 백스윙과 다운스윙 시 몸통 동작과 관련이 있습니다. 스윙 중에 엉덩이가 기울어져 깊이가 달라지는 것입니다. 이런 경우엔 탑볼도 발생될 수 있습니다. '벨트라인 유지'(66쪽)를 참고하기 바랍니다.

4. **열심히 시도해 보지만 아직도 스윙 탑에서 프로들처럼 체중을 실은 모습을 만들 수 없습니다. 무엇에 집중해야 될까요?**

   백스윙 탑에서 볼의 뒤에 위치하지 못한다면 '셋업의 배면 자세'(43쪽)가 정확한지 확인해 보기 바랍니다.

제4법칙 동시성

1. **팔꿈치를 접고 펴는 동작과 깃털 스윙의 이미지를 따라하려 했지만**
   여전히 셋업 자세를 제대로 만들지 못합니다.

   왼손에 잡은 그립이 손가락 쪽이 아니라 손목 쪽으로 높게 잡혀있을 것 같습니다. 이것은 클럽 손잡이가 두상골의 활용을 방해하여 손목뼈의 활동성을 현저히 저하시킵니다. 제1법칙으로 돌아가서 오른손을 왼손에 가져갈 때 오른손이 제공하는 두 가지 역할을 이해하기 바랍니다.

2. **다운스윙에서 클럽이 좁게 내려온다면 위에서 볼을 향해 클럽을 던지듯이 치라고 들었는데,**
   그래도 되는 건가요?

   좁은 다운스윙을 방지하기 위하여 스윙 탑에서부터 클럽을 던지는 것은 어떤 경우에는 성공적일 수도 있습니다. 그러나 몸의 오른쪽을 이용하여 볼을 쳐내는 것과 수반되어야 합니다.

3. **드라이버 샷은 언제나 내려찍는 듯하고 아이언은 덮듯이 칩니다.**
   무엇이 문제인가요?

   이런 종류의 샷은 다운스윙 초기에 클럽을 낚싯대처럼 던지는 골퍼에게서 일반적으로 일어나는 현상입니다. 그립을 좀 더 부드럽게 잡아야 하고 클럽의 무게를 느끼면서 스윙해야 합니다. 이 느낌을 얻기 위해서는 '채찍' 이미지(91쪽)를 참고하기 바랍니다.

4. **잡지에서 읽었는데 넓고 천천히 하는 백스윙이 백스윙을 시작하는**
   가장 좋은 방법이라고 하는데 맞는 말인가요?

   최고의 스윙은 언제나 몸 주위를 (몸의 속도에 비해) 작고 빠른 원으로 돕니다. 길고 넓으면서 느린 동작은 몸과 팔, 클럽헤드 간의 타이밍을 맞추는 데 크게 부담될 뿐입니다.

제5법칙 스윙의 단면

1. 언제나 백스윙 첫 부분의 모양새를 만드는 데 어려움이 있습니다.

두 가지를 살펴봐야 할 것입니다. 먼저 클럽을 잡은 두 손의 관계가 균등하게 이루어지는지 확인하십시오. 어느 한쪽이 더 강하거나 약하게 잡고 있다면 강한 쪽이 스윙의 첫 단계를 지배합니다. 두 번째로, 원하는 테이크어웨이와 똑같은 형식의 웨글을 만들어야 합니다. 클럽헤드가 너무 일찍 몸의 영향을 받는 것으로 보입니다.

2. 클럽헤드는 백스윙 탑에서 목표를 향해야만 하나요?

그렇지 않습니다. 만일 클럽헤드가 백스윙 탑에서 목표를 정확히 가리키고 있다면 그것은 오히려 스윙 단면에서 벗어났음을 의미합니다. 스윙은 직선이 아니라 타원이며 클럽헤드가 목표를 가리키게 되면 방해되고 훅도 유발한다는 점을 기억하십시오.

3. 오버 스윙을 하는 경향이 있어서 완료 시의 백스윙 단면에서 '불의 선'을 맞추지 못합니다.

몸과 팔 사이 더 나은 연결감을 얻기 위해 '초승달 연습'(87쪽)을 다시 읽어보고 연습해야 합니다. 팔과 몸이 느끼는 장력이 서로 다르다면 클럽의 위치가 정확하기 어렵습니다.

4. 팔로스루 단면을 아무리 둥글게 하려 해도 언제나 높고, 오른쪽을 향하곤 합니다. 무엇이 잘못되었나요?

팔로스루 단면이 높다면 다운스윙 시의 몸동작을 먼저 살펴본 뒤 팔 동작을 봐야겠습니다. 이 문제의 시작은 '역 C자' 문제와 관련된 성향에서 비롯되었을 가능성이 높습니다. 몸의 왼쪽이 들리고 기울어지면 팔은 자동적으로 몸에서 높고 멀리 던져집니다. 척추의 각을 팔로스루까지 그대로 유지하면서 장갑을 왼쪽 겨드랑이에 끼우고 하는 하프 스윙 연습을 하기 바랍니다.

제6법칙 볼을 향한 발사

1. 다운스윙의 시작은 무엇입니까?

　다운스윙의 시작은 이미 알고 있는 거나 다름없습니다. 다운스윙의 패턴은 걷는 동작과 동일하기 때문이죠. 스윙에서 이 부분을 굳이 구분하려 하지 마세요. '들어서기 연습'(127쪽)을 반복해 보면 저절로 답이 나올 겁니다.

2. 볼의 머리를 때리는 탑핑을 하곤 하는데 무엇에 집중해야 할까요?

　탑핑을 한다는 것은 스윙의 두 가지 주된 측면을 소홀히 했다는 것을 말합니다. 첫 번째는 척추가 이루는 기울기입니다. 어드레스에서 일단 결정되면 볼이 하늘을 멀리 날아오를 때까지 기울기를 그대로 유지해야 합니다. 또 한 가지는 몸의 오른쪽이 볼을 치고 나가지 못하는 것으로 생각됩니다. 이 두 가지를 반복 연습하면 달라지는 모습을 볼 것입니다.

3. 피니시가 효과적으로 잘 되는데도 팔로스루를 연습해야 하는 이유는 뭡니까?

　팔로스루는 그 이전 동작들을 반영한 결과입니다. 좋은 팔로스루를 연습하면 스윙의 초기 단계를 이해할 수 있으므로 빠트리지 않아야 하겠습니다.

4. 항상 템포를 보다 천천히 할 수 있기를 원했습니다.
몇 홀은 그렇게 할 수 있는데 결국에는 언제나 빠른 스윙으로 돌아가 버립니다.

　스윙의 속도는 개개인의 성격이나 몸집과 긴밀하게 연결되어 있습니다. 자신과 비슷한 모습과 성격을 가진 프로 골퍼를 따라하면 좋은 성과를 볼 수 있습니다.

제7법칙 목표와의 춤을

1. 스윙할 때 스윙에 대한 생각을 하는 것과 하지 않는 것 중에서 어느 쪽이 맞나요?

만약 분석적이고 말로써 정보를 나누는 것에 익숙한 외향적인 성격의 사람이라면 스윙에 대한 단 하나의 간단한 생각에 집중함으로써 최고의 골프를 할 수 있습니다. 하지만 시각적인 면이 강하고 감이나 느낌에 의존하는 내향적 성향의 사람이라면 마음을 가다듬는 편이 낫습니다.

2. 숏 게임에서는 '예행연습' 루틴을 사용해 효과를 보고 있습니다만 롱 게임에는 잘 적용하지 못하고 있습니다. 왜 그럴까요?

연습 스윙이 숏 게임에서 잘 먹혀 들어가는 것은 연습 스윙과 실제 스윙 간의 지체 시간이 짧기 때문입니다. 롱 게임에서도 둘 사이의 시간을 동일하게 짧게 가져가세요. 잡은 느낌이 생생한 동안 써야 합니다.

3. 정말이지 언제나 루틴을 연습합니다만 도무지 안정되질 않습니다. 뭐가 잘못된 것인가요?

유리병을 루틴으로 가득 채우고 나면 더 이상 해야 할 일이 남아 있지 않습니다. 언제나 이런 저런 루틴을 연습만 하면 몸이 그걸 받아들이고 자기 것으로 만들 시간을 주지 않는 셈입니다. 하나의 루틴을 만들고 나서 그에 만족한다면 바꿀 생각일랑 접어두고 믿고 익숙해져야 합니다.

4. 그 '곳'에 있을 때는 멋진 샷을 날릴 수 있습니다만, 의식적인 상태에서 그 곳으로 되돌아갈 수 없습니다. 왜 그런가요?

물이 흐르도록 놔두는 이 단계는 연습하면 할수록 그 곳에 다시 입장하게 될 확률이 높아집니다. 인내를 가지고 계속 노력하기 바랍니다.

스윙 핵심 요약

제1법칙 그립

- 언제나 두 손이 자연스럽게 매달린 상태에서 그립을 만들어야 한다.
- 두 손은 조금 몸 안쪽을 향한다. 그립을 잡을 때 이 상태를 잘 유지해야 한다.
- 좋은 그립은 위치상 좌우 균형을 이루어야 한다. 왼손이 기울어지면 오른손도 그만큼 기울어져야 한다.
- 효과적이고 변하지 않는 스윙은 그립이라는 기초에서 만들어진다. 그립의 사소한 부분이라도 빼먹거나 간과하면 끊임없는 문제를 겪을 수 있다.

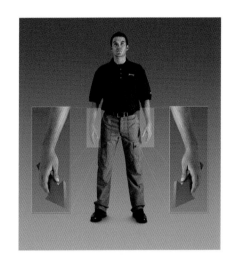

- 두상골은 손목과 손이 움직이는 범위를 결정한다.
- 클럽 손잡이가 왼손 손바닥의 손목 쪽으로 높게 위치하여 두상골 영역을 침범하면 클럽의 가속력과 타이밍에 문제가 생긴다.
- 클럽 그립을 따라 왼손 엄지손가락을 길게 내려뜨리면 그립이 손바닥 위 손목 쪽으로 높게 자리 잡아서 클럽의 헤드 스피드를 떨어뜨리고 슬라이스를 유발한다.
- 그립 루틴을 사용하면 훌륭하고 일관성 있는 그립을 반복적으로 잡을 수 있다.

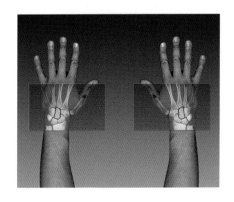

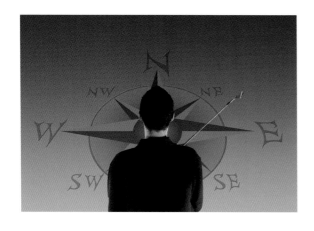

- 왼손으로 클럽을 잡을 때 언제나 북동쪽 각도에서 잡는 것이 자연스럽다.
- 이렇게 하면 별도로 조정할 필요 없이 중립적으로 왼손을 그립에 정확히 가져갈 수 있다.
- 그립은 볼 앞에 다가서 잡지 말고 볼에서 떨어진 곳에서 잡는 것이 좋다. 그립을 잡은 감촉이나 파지 위치가 완벽하게 맞았다는 확신이 들면 비로소 공에 다가가라.
- 그립 루틴에 대한 자신감이 붙으면 그립을 잡는 동안 목표물에 시선을 고정시키고 집중하라.

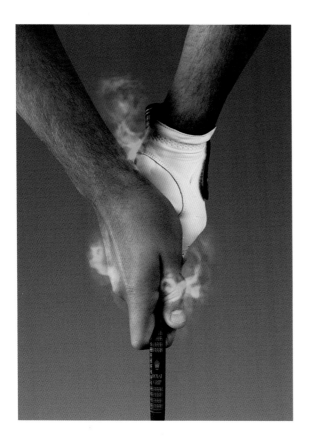

- 볼을 강하게 쳐내기 위해서 절대로 클럽을 꽉 쥐어서는 안 된다는 점을 명심하라.
- 잘못 잡은 그립은 컨트롤에 대한 욕심으로 인해 클럽을 꽉 쥐게 만든다. 처음부터 잘 잡는 것이 중요하다.
- 그립에서 최대한 많은 것을 얻어 내려면 너무 강하지 않게, 너무 느슨하지 않게 그 미묘한 균형을 알아내야 한다.
- 적절한 그립 악력은 그립 안쪽에서 가스가 조금씩 새어 나오도록 쥔다는 느낌이다. 너무 꽉 잡으면 아무것도 새어 나오지 못하고 너무 느슨하게 잡으면 너무 많이 새어 나온다.

제2법칙 셋업의 기하학

- 훌륭한 스윙에 있는 비틀림과 균형을 유지하기 위해서는 이를 받쳐주는 든든한 기반이 필요하다. 정확한 셋업은 딛고 선 바닥과의 관계를 통해 이것을 가능하게 해 준다.
- 어드레스 시에 양 발끝은 약간 바깥쪽으로 벌려주어 스윙 중에 몸통의 회전을 쉽게 한다.
- 다리는 무릎이 두 발 바로 위에 위치하는 자세에서 가장 힘을 낼 수 있다. 격투기나 펜싱을 보면 잘 알 수 있다.
- 체중은 발바닥 전반에 골고루 싣는다. 왼발과 오른발에 각각 50대 50으로 체중을 분배하도록 노력한다.

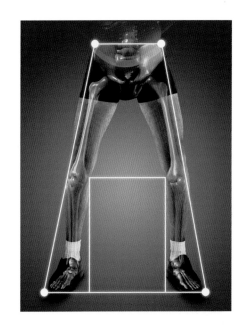

- 스윙 동작의 일관성과 효율성을 위하여 클럽의 길이가 변하더라도 볼은 고정된 위치를 사용하는 것이 좋다.
- 일단 왼발 뒤꿈치 정도에 볼의 위치가 결정되면(왼팔을 자연스럽게 늘어뜨렸을 때의 위치) 그 위치는 고정되어야 한다. 사용하는 클럽에 따라 오른발의 위치가 변한다.
- 가슴판과 오른발의 관계를 이해하자. 양 발 폭은 오른발의 움직임으로 넓어지고 좁아진다. 이에 따라 가슴판의 기울기도 앞뒤로 변해야 원하는 샷을 할 수 있다.
- 양 발의 폭이 골반보다 좁아지는 경우는 체중 이동이 앞쪽으로 이루어져야 할 때뿐이다.

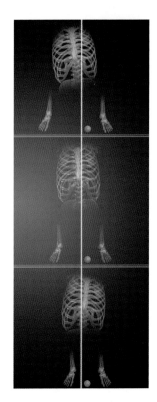

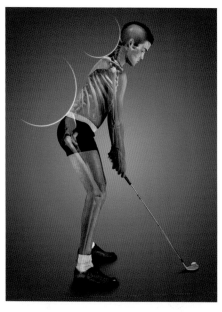

- 골프 자세의 느낌은 서브를 기다리는 테니스 선수나 공격을 준비하는 격투기 선수의 자세와 같다.
- 어드레스 자세에서 취해야 하는 매우 중요하고도 자연스러운 곡선이 있다. 하나는 꼬리뼈 근처에 있으며 다른 하나는 경추 부위에 있다.
- 정확한 자세를 잡으면 양팔은 가슴으로부터 자연스럽게 그리고 반복 동작이 가능하도록 매달려 있어야 한다.
- '척추는 몸의 옷걸이'라는 사실을 잊지 마라. 척추나 근육의 부상을 막기 위해서는 정확한 자세를 잡고 척추가 몸통의 무게에 눌리지 않도록 하라.

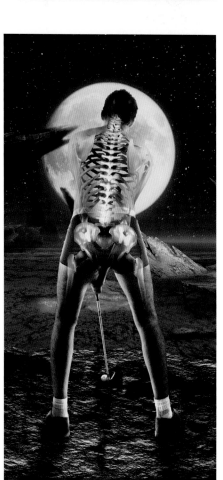

- 머리가 '비틀림 2'의 자세에 오면 위아래로 척추의 정렬을 완벽하게 일직선으로 만들어라. 신체 역학적으로 가장 효과적인 스윙 자세이다.
- 미들 아이언, 롱 아이언, 드라이버에서는 척추를 약간 후방으로 기울여 줌으로써 의식적으로 체중 이동할 필요가 없어진다.
- 여기에 보이는 등의 모습으로 최고의 몸동작을 이끌어 낼 수 있다.
- 많은 사람들을 괴롭히는 척추 측만 증상을 조심하라. 제2법칙에서 소개된 징후를 살펴보라.

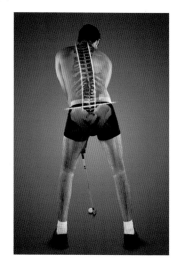

제3법칙 지면 에너지 역학

- 비틀림을 만들기 위해 몸의 오른쪽에 항력을 기르고 체중을 싣는 연습을 하라.
- 오른쪽 다리 연습(59쪽)은 어드레스 시에 취했던 엉덩이의 단면을 그대로 유지하게 해 준다.
- 스윙의 초기에 제멋대로 돌아가는 몸통의 문제는 제4법칙에서 언급되었다. 이 연습은 백스윙의 시작을 어떻게 할 것인가를 알려주고, 나머지 스윙에 있어서 몸 오른쪽의 올바른 기준을 잡아준다.
- 오른쪽 다리를 충전식 배터리로 생각하라. 충전을 많이 하면 할수록 스윙에 더 많은 힘을 실어 준다.

- 백스윙에서 몸을 비틀었을 때 팽팽히 긴장되는 느낌을 감지하라.
- 왼쪽 다리 연습(60쪽)은 몸동작의 기준을 알려준다. 팔을 어떻게 움직여야 즉각적으로 올바른 연쇄 동작이 나오는지를 알려준다.
- 처음에는 8번이나 9번 아이언으로 이 연습을 시작한다. 이것은 다른 샷들에 적용하기 위한 연습 단계이므로 의도적으로 느리고 신중한 스윙으로 시작하라.
- 앞서 소개한 왼쪽, 오른쪽 다리 연습 두 가지를 일상적인 스윙 연습으로 삼는다.

- 스쿼트 샷(63쪽)으로 몸통과 다리를 위한 체력 훈련을 하라.
- 백스윙 시에 몸의 무게 중심을 낮추면 엄청난 비틀림 장력을 만들 수 있다.
- 몸을 낮추는 훈련은 스윙에서 올바른 팔의 움직임을 알려주는 효과가 있다. 두 팔의 움직임은 더 단단해지고

간단해지며 몸의 회전과 조화를 이룬다.
- 이것은 5번이나 6번 아이언으로 연습하기 바란다.

- 벨트라인의 높낮이를 일정하게 유지함으로써 항상 얕고 일정한 디봇을 만들 수 있다.
- 엉덩이 단면을 수평으로 유지(정면에서 봤을 때)함으로써 몸의 주요 관절들은 위아래로 잘 배열되며 이는 볼에

힘을 싣기 위해 꼭 필요하다.
- 몸의 중간 부분으로, 몸통은 스윙 중 어깨와 무릎의 움직임에 중요한 책임을 지고 있다. 몸통의 동작은 속도보다는 방향성을 만들어 내는 데 더 중요하다.
- 기울어진 백스윙이나 '역 C자' 피니시는 몸통 부분이 흔들리거나 기울어져서 생기는 부작용이다. 이런 동작은 등허리 부분의 통증을 악화시킬 수 있다. 허리선을 수평으로 유지해야 한다.

제4법칙 동시성

- 골프의 스윙이 바닥에서 위로 만들어지는 것처럼 스윙 속도의 순서도 똑같은 방식으로 만들어진다.
- 스윙을 구성하는 어떤 것이 움직이는 속도는 움직여야 하는 거리와 직접적으로 연관되어 있다.
- 스윙은 하나의 커다란 수레바퀴에 비유된다. 바퀴의 축(몸통)이 가장 느린 속도로 도는 동안 테두리(클럽헤드)는 가장 빠른 속도로 큰 원을 그리며 움직여야 한다. 스윙에서도 그렇다.
- 스윙(폼)을 가다듬는 것에 어려움이 있다면 이 동시성에 관심을 두기 바란다. 그곳에 답이 있을 것이다.

- 백스윙의 정확한 순서를 경험하기 위해서 먼저 평상 시 어드레스 자세를 취한다.
- 눈을 감고 커다란 창이 등으로부터 배꼽 부위를 관통하여 볼을 향하는 모습을 상상해 보라. 조금 오싹한 이미지이지만 매우 효과가 있다.
- 이 창의 도움으로 몸통을 단단히 고정시키고 백스윙을 시작하여 왼팔이 9시 방향을 가리킬 때까지 클럽을 움직인다. 바로 이때 왼쪽 복부 근육에는 약간의 긴장감이 느껴져야 한다.
- 마지막으로, 다리에 체중을 실으면서 몸을 끝까지 더 꼬아버린다. 이렇게 해서 멋진 백스윙 하나를 만들어 냈다.

- 오랫동안 수많은 초보자들에게 왼팔을 곧게 펴는 것이 지배적인 스윙 개념이었다.
- 백스윙 중에 왼팔의 적절한 느낌은 어떤 것인지 알아보자. 우선 어드레스 자세를 취한다.
- 그런 다음 오른손으로 왼팔 안쪽의 접히는 지점을 잡는다. 그리고 왼손만으로 9시 방향까지 백스윙을 한다.

- 이때 오른손에 잡힌 왼팔 관절은 약간 느슨해지는 느낌이 난다. 만일 평소에 왼팔을 지나치게 뻗는 경향이 있다면 바로 이 연습이 도와줄 수 있다. 약간 느슨해지는 그 느낌을 받았다면 이제는 오른손으로 클럽을 정상적으로 잡고 같은 느낌으로 백스윙해 본다.

- 클럽이 효율적으로 움직이고 몸과 잘 조화를 이루면 클럽은 깃털처럼 가볍게 느껴진다.
- 올바른 그립(두상골을 피해 잡는)을 잡고 몸에서 방해를 거의 느끼지 않으며 스윙을 한다.
- 이번에는 청각에 집중하여 몸을 따라 클럽이 회전하면서 내는 소리를 들어보자. 클럽에서 둔한 소리가 난다면 그립을 너무 꽉 잡고 있거나 손목이 잘 접히지 않는 것으로 왼손 그립의 상태를 점검해야 한다.
- 이 이미지에서 깃털이 움직이는 모습은 모두 비슷하다는 점을 주시하기 바란다. 이것은 손목이 효과적으로 접혔다가 펼쳐지고 다시 접히는 스윙 과정에서 생겨난다. 두 번째와 네 번째 이미지는 거울로 비춰본 것처럼 같다. 이렇게 같은 이미지가 바람직하다.

제5법칙 스윙의 단면

- 백스윙에서 클럽헤드가 만드는 최초의 단면에는 모양 변화가 거의 없다.
- 클럽페이스는 팔뚝의 미묘한 회전으로 궤도를 따라 부드럽게 회전한다.
- 이 백스윙의 최초 단계에서 머리는 여전히 '비틀림 1' 위치에 머문다.
- 두 팔의 상박은 몸에 단단히 묶여 있어서 이 백스윙의 최초 단계에서 클럽을 감지 못하게 한다.

- 위에서 내려다 볼 때 왼팔은 두 발끝이 만드는 선상이나 이보다 약간 더 안쪽을 향해야 한다.
- 클럽 버트는 볼과 목표선이 만드는 선상을 정확하게 가리키고 있어야 한다.
- 클럽페이스의 리딩 엣지leading edge는 샤프트가 이루는 각도와 평행해야 하며, 이를 통해 클럽페이스가 중립 위치에 있음을 알 수 있다.
- 이 단계에서 몸의 움직임은 많지 않아야 하며, 그래야 클럽이 정확한 단면을 찾아 들어갈 수 있다.

- 백스윙의 중간 단면부터 완료 단면까지는 거의 몸의 회전 동작으로 만들어진다.
- 클럽헤드가 어드레스 시에 만들어 낸 관계는 볼과 목표를 연결한 '볼의 연장선'을 따라서 완료 단면까지 계속된다.
- 왼쪽 팔뚝은 어깨의 아래 부분을 덮어 가린 것처럼 보인다.
- 클럽페이스의 리딩 엣지는 왼쪽 팔뚝과 평행을 이룬다.

- 백스윙의 절반 정도를 지나면서부터 오른팔은 상체로부터 떨어지기 시작한다.
- 이렇게 떨어지면서 어드레스에서 만든 스윙의 반경을 유지할 수 있다.
- 임팩트와 임팩트 직후에 왼팔이 상체를 부드럽게 끌어안게 된다.
- 오른팔이 스윙 단면을 따라

팔로스루에서 가슴 높이에 이르면 왼팔은 다시 한 번 몸에서 떨어진다.

제6법칙 볼을 향한 발사

- '들어서기' 연습(127쪽)으로 백스윙에서 다운스윙으로 전환하는 것을 느낄 수 있다.
- 다운스윙의 시작은 저절로 된다는 점을 발견하라.
- 좁은 다리 폭을 취하되 볼은 왼발의 중심에 놓는다.
- 평상 시의 백스윙을 취한다.
- 백스윙의 끝에 거의 도달하

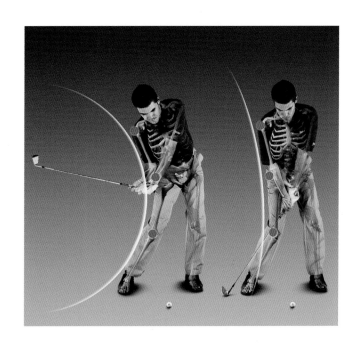

면 왼발을 볼의 왼쪽으로 디뎌 보폭을 넓힌다. 왼발에 체중을 실으면서 자신 있고 힘차게 볼을 쳐낸다.

- '역 C자' 피니시는 몸통 부위를 기울이거나 다리를 지나치게 사용하여 생기는 결과이다. 이때 체중은 대부분 뒷발에 남게 되며 척추는 목표의 반대방향으로 휘게 된다.
- 이렇게 되면 몸 오른쪽의 주요 관절에 부담을 준다.
- '역 C자' 피니시로 종종 타점이 정확하지 않고 디봇 패턴이나 탄도가 일정하지 않게 된다.
- 만일 이런 형태의 피니시를 가지고 있다면, 어드레스 시 등의 자세를 살펴봐야 하고 벨트라인이 수평으로 유지되는지 확인하면 도움이 될 것이다.

- 몸의 왼쪽은 임팩트의 정확도를, 몸의 오른쪽은 힘을 쓸 수 있게 하는 역할을 한다.
- 백스윙을 하는 동안에 오른팔의 손목과 팔꿈치 관절은 약 45도로 접힌다.
- 최대의 힘과 정확성을 위하여 이 접힌 것은 임팩트에 도달하기 전에 다시 펴져야 한다.
- 이것을 익히려면 오른손만으로 하는 스윙을 연습하기 바란다. 손목과 팔꿈치 관절이 다운스윙 중에 점차로 열리고 어드레스 자세에서 취했던 대로 돌아오는 것을 느끼기 바란다.
- 몸의 오른쪽을 온전히 사용하려면 클럽헤드가 임팩트에 들어갈 때 오른쪽 무릎도 함께 들어가게 한다.

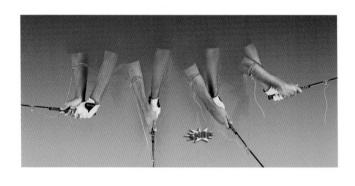

- 아이스하키의 퍽을 쳐내듯 손목을 풀어야 한다고 해서 공을 떠올리는 동작이 나와서는 안 된다. '퍽 날리기' 방식은 볼을 떠내는 것과는 아무런 관련이 없다. 떠내는 현상은 무게중심과 가슴판이 임팩트에서 볼보다 훨씬 뒤에 있는 경우에 나타난다.
- 많은 선수들이 오른손으로 볼을 힘 있게 타격하는 것에 대해 말하곤 한다. 그들이 말하는 것은 다운스윙 시 손목이 접힌 상태에서 임팩트에 도달하는 순간 '줄을 끊어버리는' 적극적인 방법을 말한다.
- '하키 퍽 날리기' 방식은 임팩트 이후에도 최대한 오랫동안 클럽페이스를 스윙 단면에 수직으로 유지할 수 있게 한다. 스윙에서 두 손은 말아 올리지 말아야 한다.
- 임팩트를 지날 때 골퍼가 뒤로 기대는 자세를 취하면 취할수록 (예를 들어 '역 C자' 피니시처럼) 손은 그에 대한 보상을 위하여 임팩트를 향해 앞쪽으로 휘어진다. 볼을 통과하는 몸동작이 좋아야 정확한 방식으로 가진 모든 것을 쏟아낼 수 있다.

제7법칙 목표와의 춤을

- 그립을 잡고 나면 즉시 목표물에 시선을 고정하라.
- 클럽을 목표 쪽으로 흔들면서 신체적 방아쇠를 당겨 준비상태와 집중력을 끌어내라.
- 이제 실행하려는 샷에 모든 것을 쏟을 결심을 하라.
- 가상의 '곳zone'에 들어가도록 하라.

- 목표의 시작하는 선과 끝나는 곳을 정하라.
- 볼 옆에 서서 날리려는 샷과 같은 스윙을 연습해 보라.
- 느낌이 왔으면 어드레스 자세를 잡고 샷을 날릴 준비를 끝내라.
- 목표물을 마지막으로 한 번 더 보고 원하는 샷을 날리기 위해 연습 스윙에서 느꼈던 모든 느낌을 간직하라.

- 세발자국 반 정도 볼의 뒤에 서서 볼이 날아갈 선을 바라보라.
- 볼의 출발점을 결정하라.
- 볼이 도착하는 곳을 결정하라.
- 마음속으로 샷을 그려보고 가능한 한 많은 세부사항을 담는다. 정확한 결과를 얻고자 한다면 정확한 질문을 해야 함을 기억하라.

- 가상의 '곳 zone'에 들어가기 위해서는 수많은 요소들이 맞아 떨어져야 하므로 매번 그 '곳'을 찾을 수 있을지는 보장할 수 없다.
- 그러나 루틴에 자신을 깊이 몰입시키면 시킬수록 그 '곳'에 들어갈 수 있는 기회는 커진다.
- 이 '곳'을 볼의 양방향으로 세 발자국 반 정도의 거리로 생각하라. 볼을 향해 걷기 시작하면 당신의 신체적 방아쇠가 첫 번째 문을 열어줄 것이다. 방금 날린 샷의 종료는 볼이 놓였던 자리로부터 세 발자국 반을 걸어 나올 때 즈음이다.